皇朝瑣屑録

（清）鍾琦 撰

國家圖書館出版社

3

憑花館瑣筆

第三冊目錄

皇朝瑣屑錄

卷卅弍之卅四

皇朝瑣屑錄卷三十二

嘉州　鍾　琦　泊農

錢法附礦務二十二則

歷代錢文輕重本無一定　國朝順治初每文重一錢作銀一釐背鑄一釐二字後因舊錢壅滯改重至二錢一分五釐康熙間因制錢易於攙合改鑄一錢四分新錢一緡作銀一兩舊錢一緡作銀七錢雍正時改鑄一錢二分此　本朝錢文改鑄輕重之原委惟防銷燬兼私鑄也

國初支發兵糧十兩之內銀得其七錢得其三官發則以一緡爲一兩民間則以千數百爲一兩兵恃錢貴欲强買而不能民視其錢少欲賤鬻而不允每一交易輒成聚訟此其弊蓋因官吏風示之不善與夫收納之不一故也見錢法補

錢禁莫重於盜鑄犯者立正典刑其次私鑄其次剪邊取鎔其次用古廢錢其次私行小錢犯者悉論如法中外文武官失察者皆劾若夫轉移出入上操其權交易流通下收其利有藏積私家居奇病民者亟治之按定例

如此森嚴而盜燬者尤多多該輩於深巷僻壤間陰銷
私鑄火光燭天從未聞有擒獲者緣文武衙門之官吏
兵役煉成一氣打成一片盜燬莫之問私鑄莫之稽去
路滔滔來源滴滴國寶愈形支絀市價愈形昂貴也至
藏積惟資州等處糧戶有此風俗他縣亦寥寥

定例鼓鑄緡錢以資國用農末之交利貨物之流轉於是
乎權衡焉過輕則多私鑄過重則利盜燬權輕重之中
以二銖八十有八黍爲率鎔赤金和以白黑鉛及錫其
制依古九府圜法以頒天下凡奏準開鑄者十有四省

惟盛京河南山東未開鑄餘省皆有局雲南即山採銅其他或收本境廢銅或買雲南餘銅各隨其地之宜以作泉布其制如京局質淨色鮮近年盜鑄者多一變而輕如蟬翼再變而小如鵝眼甚至么錢破錢無所不有也

京師鼓鑄統設二局其隸戶部者曰寶泉局歲鑄錢六十一卯以萬二千四百八十緡爲卯得錢七十六萬千二百八十緡遇閏加鑄四卯得錢四萬九千九百二十緡其隸工部者曰寶源局歲鑄錢七十一卯以六千二百四十九緡二百七十文爲卯得錢四十四萬三千六百九十八緡百七文遇閏加鑄四卯

得錢二萬四千九百九丨七緡有八十文月運節愼庫備用又寶泉局出錢凡兵餉十分以錢一分或二分配銀給發視局錢爲盈縮以定其增減之數寶源局出錢給發兵餉月以三萬緡爲率按近年卯額不符是患不在於錢之不行而在於錢之不繼不在於錢之不繼而在於錢之不廣揆厥所由滇省銅務硐老山枯然滇省萬貫箐華所萃五金鬱積於中誠能遴選殷實於永昌順寧等處集股開礦用官督商辦法以機器資助之工省而效速所慮者人情趑趄不前緣上游朝令夕改口

是心非約其集股以牟利是猶驚弓之鳥見似弋者而飛漏網之魚遇放生者而避也

光緒乙未夏鹿公芝軒督蜀因錢翔貴　奏請行票以唐公豕雲太守果毅堅貞主其政每票作錢一千四十文折銀八錢九七平其紙取於徽池先飭成華商人舉辦然後推廣外州縣若能流通於國計民生大有裨益所慮者創始之人以實心而行良法其法日興而利日溥繼起之人以良法而濟私心其法日弊而害日滋也此局最關緊要勿用英年憤事見小欲速之輩遴選老成清貞者而綜理之必須日久甫能見效惟近年委員以古

鋒筆鍔是務藉口整頓將章程删改往往言與行相戾彼與此相疑猜前與後相衡決上與下相齟齬故政令不能行縱能行亦不能久耳

咸豐八年四月軍需孔急戶部鑄當十大錢未及制錢三文之用卒不能行同治四年錢價翔貴每兩銀易錢九百七十文買物喫虧而官民交困緣戶部工部及各省未符卯額揆厥所由無銀買銅也按銅本自有專款特因支絀挪移是以顧彼失此然兩利相權取其重兩害相權取其輕以今日京外情形皆苦錢缺是雖抽提別項以資鼓鑄猶將勉强爲之況銅本係錢局正款乎至

於採買之弊委員勒索鼓鑄之弊奸人盜竊均爲錢法之蠹則專司採買鼓鑄之官必由大憲遴選老成端慤者主其政蓋人正而弊自除也

鄭陶齋盛世危言歐洲鼓鑄銀錢計每一刻大者成一千二百枚小者成一千八百枚鼓鑄如是神速不大費工炭況銀錢本質不過九成運至中國皆照足銀交易沿海埠市暗受折耗循環往來每年核算折耗三四千萬陶齋觀察急欲以中國足銀而做照鼓鑄謂每元必有數分之利即每十元必有數錢之利此亦保財源塞漏卮之良法美意不

知當道何以遲疑尚未舉行耶但歐洲人守信鼓鑄二千年（史記大秦國用銀錢案大秦卽今法蘭西等處）成色一律故所行愈遠而愈長中國人寡信恐鼓鑄三四年流弊百端其所行愈趨而愈下也日本之副島種臣（彭國宗室通華言工漢文詩亦超逸）笑中國有絕妙之法而絕無行法之人有絕妙之言而絕無踐言之事（定例亦朝令夕改故不取信於人竟被蠢爾島夷看出破綻言之歎然）所云切中病根安得肱經三折杏種五株者而療治之以上四則吟香書屋筆記摘錄

天朝貨幣有倣外夷之式者乾隆間平定新疆西藏後

上命天山南北路各城設局鼓鑄普爾錢文曰乾隆通寶皆鑄地名國書回字用淨紅銅形橢首銳中無方孔一當內地銅錢之五回俗每百文謂之一騰格又命駐藏大臣監造大小銀錢文曰乾隆寶藏漢字背用唐古特字並於角邊鑄造年月如廓爾喀之式重一錢五分者每六圓易銀一兩重一錢者每九圓易銀一兩重五分者每十八圓易銀一兩其錢有花紋最薄不及歐洲之工製精妙

國初著爲銀七錢三之令列入大糧由單使上可行於下

而下亦得行於上其後各州縣因無平頭之折卽無羨餘之入以貯私囊而敬上官所以由單照例分派收時不用錢而用銀是名雖銀一兩派錢一千而其實錢一千仍收銀一兩也與不派錢無異矣甚有巧於立法自設官桌數張每錢一文必得銀二釐然後換給若非官桌所發之錢則不收是納錢一千用錢二千較之用銀反一倍矣孰若不派錢之爲愈也銀七錢三之法蕩然無存是以疏通而反壅滯欲竇源之流通不可得矣

順治十八年雲南巡撫袁懋功題報省城設爐二十座一

年獲息銀一萬二千八百九十六兩大理府下關設爐十座一年獲息銀一萬九千四百九十一兩是鼓鑄之裨益軍需已有成效矣何不倣而行之

定例每年滇銅八運黔鉛四運每年春夏在二三四五等月秋冬在八九十十一等月按八月放行其正六七十二等月停運每一夾艙船酌減裝銅鉛五萬斤受載稍輕轉掉毋虞笨滯因川灘最險照救生船之例於報部各險灘處所酌募灘師四五名按所在州縣捐給工食於險灘處所專放銅鉛船如遇銅鉛失事卽雇備水攩

如能一月內全獲者於例給工價外地方官賞銀十兩
三月內全獲者毋庸獎賞自川到楚後並無險灘每一
夾𣿬船裝銅鉛七萬斤
定例正供雲南銀場歲課六萬七千三百兩有奇永昌府
及廣東無定額雲南金礦歲課金六十兩有奇貴州思
南府無定額雲南銅礦額課銀萬八百有奇四川兩廣
無定額雲南鉛錫礦課銀三千有奇山西湖南四川兩
廣無定額見大清會典
甘肅甘州八寶山之金礦湖南辰州大油山之金礦提督

派兵守之乘夜偷挖至今爲兩提標之優差伊犁塔爾巴哈台之金礦將軍派兵守之客民串謀偷挖至今爲駐防之利藪廣東瓊州之銀礦挖沙百斤煎銀六十兩其工費僅六兩此外川省番地浙江溫處之礦所在皆是但官不禁民採荷鍤雲趨裹糧鶩赴官特設局稅其銀什取一二而不立定額將見銀之出不可思議稅之入不可勝用沛乎如泉源浩乎如江河何必官爲開採致防得不償失財不足用乎見魏源軍儲篇

康熙五十二年大學士等議奏久經開礦之地如雲南山

西湖廣等處聽本地窮民自開地方官查明記冊其別省人往挖及富豪霸占並他處未開採者禁之奉
上諭有礦之地初開即禁則可若久經開採貧民措貲覓利藉資衣食忽然禁止則已聚之窮民毫無所得恐生事端況天地自然之利當與民共之不當無故棄之要在地方官處置得宜耳乾隆三年八月　上諭廣督鄂彌達議覆提督張天駿礦山開採恐滋聚眾之奏查銅礦鼓鑄所需且招募附近居民聚則為工散則為農并無易聚難散之患地方大吏原以整頓地方豈可

圖便偷安置國計民生於不問張天駿藉安靖之名爲卸責自全之地其交部議處近時如張天駿者尤多多甚至有礦見礦而飭封禁者不惟行推諉之實且蹈委靡之弊四年六月廣督馬爾泰奏英德縣長罔嶺銅坑出銀過多及河源縣銅礦逼近銅山均請封閉出銀過多反請封閉是出銀少者甫不封閉乎似此奏疏非病狂即夢囈奉　上諭銀礦議閉之說豈因開銀獲利者多則開銅者少乎不然銀亦天地間自然之利可以便於民何必封禁其詳議以聞管子言禹鑄歷山之金爲幣以救水湯鑄莊山之金爲幣以救旱馬爾泰嫌出銀過多假令有水旱行冥鏹乎施畫餅乎閱其奏令人啞然大笑　四十二年二月　上諭劉秉

恬奏從浸攢拉二水沿河之地可以開礦採金是以呼
大小金川朕思金川之雍中剌麻寺有金頂自屬不妄
若所産金沙果旺不如官爲試辦爲兩金川設鎮安營
之費此皆　聖祖　高宗上諭未嘗不許開礦之
證況上古亦開礦禹貢荆州厥貢惟金三品梁州厥貢
鏐鐵銀鏤砮磬當時若不開礦此貢物自天降下耶自
地湧出耶後以前明奸璫開礦病民而資口實是猶行
舟者惡風浪之險而收帆駕車者慮覆轍之虞而投轄
也似此巧宦不待問遂知其闒茸下品奧劣庸人而已

矣

光緒九年七月十日　上諭雲南素產五金乃天地自然之利該省銅政久經廢弛本應整頓規復以資鼓鑄而利民用此外金銀鉛錫各廠亦復不少均為外人覬覦自宜早籌開採以廣中土之利源實為裕國籌邊至計惟經費較鉅籌款維艱近來各處開採煤礦皆係招商集股舉辦較易若仿照定章招商出貲與官本相輔而行則能克成云云我　皇帝宵旰焦勞無日不以奠民生培國脈為念所言集股　睿慮周詳如果大小臣

工於開採竭誠匪懈於商賈矢念無欺則天財地寶安得不蒸蒸以上源源而來乎所慮者更一大員更一新章朝令夕改朦上箝下不足以取信於閭閻耳

光緒十年五月初一日 上諭戶部奏籌議雲南礦務請飭及時開採一摺雲南銅政關係錢法運京鼓鑄具有成規此外金銀鉛錫各礦均應廣爲開採以裕利源著即遴選廉幹之員招商集股及時舉行力杜因循侵漁積習以期無弊不革有利必興國家度支有常從不輕於言利此乃因地之利以資民生該督撫當即仰體朝

廷實事求是之意欽此按理財莫善於開源厚生必先
夫利用富強有計而外侮不侵官商合謀而公私交益
此雲南礦務我　皇帝視爲當今要政也按定章
招商凡出銀一百兩爲一股歲共給息銀拾兩倘廠見
功按股分給紅利查滇省共收集股銀六十萬有奇與
官本相輔而行況復減輕稅則採買機器開挖可謂事
半功倍且銅錫之外兼辦金銀合滇省二千里之大數
十百廠之多通力合作聯爲一氣縱不得於此亦必得
於彼實屬意美法良但執柄者恐其虧折官本而受累

前張中丞奏請發官本銀二十萬有奇仍將原款寄藩庫收存惟以集股之貲而舉辦定章所給息銀十兩者不久又改爲六兩所以人懷疑沮事遂壅隔竟成龍頭蛇尾矣

雍正間有慎重開採礦務之上諭蓋是時物華景麗家殷戶足戶部存庫銀六千七百萬兩直省存倉粟三千四百萬石而閭閻飲和食德熙穰於光天化日下近年則不然民已窮矣財已殫矣兼以陰陽舛候祲沴多災歐洲有透漏之弊司農有匱乏之嗟故郃陽魏默深云嘗賜田租之事可行於文景不可行於宣元開採礦

務之事可不行於雍正斷不可不行於今日要言不煩是猶老吏斷獄蓋帝王之道舉廢各審其勢弗執常理以御其不常之勢也張弛各因其時弗狃所見以昧於所遇之時也

産礦地方場主募練勇防守開礦之地曰場邊人譌音爲廠故雍乾間騰越邊外有桂家銀場爲緬夷所憚永昌邊外有茂隆銀場爲猓夷所憚其後桂家場之宮裏雁爲邊吏誘殺茂隆場之吳尚賢獻廠場於朝反爲官捕治見雲南通志似此官與盜無異同治時有吳令貪某土司之貨財誣其通賊具稟旋殺之隱匿家貲後晝見某土司索命自縊死

於是兩場之練勇皆潰散緬夷遂猖不可制乾隆末威遠廳同知傅鼐結礦場之練勇以禦猓夷斬馘數百亦稱奇捷是則有礦之地不惟利足以實邊儲且力足以捍外侮地方官具禀往往以生內患藉口者大率迂拘輩不念國計民生者也

定例雲南產銅召商開採歲輸戶部五百七十萬四千斤有奇又輸工部二百五十萬三千四百四十斤分爲六運承運官正副二人以九十日爲一運由尋甸東川水陸兼運至四川之永寧下三峽沿於江漢經兩湖兩江

達於運糧河由運糧河達於京自起運至京以十有四月爲期運舟由有司和雇舟不堅固致損敗者經理之有司論倘遇沉溺所在有司覓水手探取有遺失者責償銅色之高下運之遲速驗收考察均照功令持衡不平致有輕重低昂者主藏吏議處

白鉛黑鉛產於貴州湖南亦召商開採貴州歲輸戶部白鉛三百八十四萬一千九百十有四斤又輸工部一百三十萬一千九百十有四斤湖南歲輸戶部黑鉛七十萬五百七十一斤又輸工部二十三萬三千五百二十

三斤分爲上下二運上運起自四月至十月抵京下運起自十月至次年三月抵京錫之良者產於南洋諸夷番船至廣東由廣東和買歲輸戶部二十一萬一千七百十有二斤運工部計七萬五百七十一斤按中國有八省產五金且礦亦饒富何以反購日本之銅番船之錫緣礦法定例視出產之多寡歲無常數則稅之多寡應視礦之興衰以爲衡此一定之理一定之勢也乃官吏不習情形率改爲定額豈知稅減卽累官累官遂不準開挖礦竭卽累商累商遂不敢開採以天地自然之

利聽其鬱積湮没於深山窮谷中是則大可惜耳
光緒庚辰丁稚璜宮保需餉甚殷聞天全州衆商開採銀礦轟轟委員履勘驗實遂調峩眉縣宋令帶勇五百名前往彈壓募役在原地興工日夜有礮砉聲挖至三四月勞形劬劬妙手空空是以中寢或天財地寶韞其奇以待時歟潛其踪以待人歟其間亦可以驗國運之迍邅不然何以衆商一不蹶不勵而得之官吏竭劻竭勵而不見也
光緒辛巳予奉丁宮保檄飭辦銅礦約王炳如王小康履

勘樂山朝天馬崒巍嵯峨乃瓦屋之脈絡昔日鄧通鑄錢之支麓也募役興工未幾見銅礦但質薄而費炭本得不償失是以中止查朝天馬所產乃山角草皮必由內開挖始有成效惟猓夷地界砂丁不敢蹈危涉險其實猓夷無技倆雖肆行擄掠而以攻則無軍火以守則無壁壘以戰則無節制所恃者巖壑嶔嵜林木蓊翳耳若大憲奏調勁旅四五千由萬石坪橫山卡馬日岡歸化汎等處出師用土人爲鄉導剿中寓撫不以殺戮爲事倣照康熙間之甯遠府雍正間之酉陽州改土歸流

設官分治先之以撫循教之以詩書率之以開墾溝之以稅斂然後於歐洲選礦師辨礦脈審礦苗購礦器機器以比國爲最出錢雇猓夷以資驅策而開挖之必須眾擎舉鼎寸壤成山商則集股不得侵漁官則徵稅不得搜括其間山祟脈厚物華天寶取不盡而用不竭民自富而國自強也以上三則吟香書屋筆記摘錄歐洲各國富強者皆得購礦之利耳查俄羅斯有烏拉嶺及阿爾台山並沙漠等處千百里土人俱開礦當一千八百二十八年時乃道光八年也三處合計歲產黃金五十三蔓臺銅三萬二千五百蔓臺每蔓臺重一千六百八十斤見俄羅斯總記該國以十二兩爲一斤見異域錄又歲產銀三十二萬四千棒每棒洋銀五員見海國圖志因物產如山如阜且徵

稅尤輕不過三卜取一故各商旅爭趨若鶩假令中國
於萬石坪等處大興礦務安知不如烏拉嶺阿爾台山
乎因循怠惰不念及此豈知英人垂涎側目由緬甸修
鐵路至藏衛轉瞬可抵魚通若由魚通直達甯遠吞噬
各土司不惟夷地為彼開闢而滇蜀邊鄙亦為彼窺伺
是執柄者不深思遠謀先占地步倘異日有警何能辭
漫藏誨盜
之責矣

皇朝□□錄卷三　三

皇朝瑣屑錄卷三十三

嘉州 鍾 琦 泊農

倉儲附賑濟十八則

六府在養以穀爲重八政貴農以食爲先冉有問庶何加子曰富之端木問政子曰足食故 國朝 列聖莫不以倉儲爲 睿念矣

國朝循古制設常平倉隨時糶穀用資振貸豐年則勸民出升斗以益之厥後戶口殷阜迺出庫藏市糴存留各州縣以乾隆十八年册計之直省常平倉共積貯三千

三百七十九萬二千三百石有奇每歲出陳易新土高燥者以十之七存倉十之三平糶卑濕則存半糶半各因時因地而變通以均歲之豐歉督撫於歲終彙實造册送部稽察如有虧闕先動帑買補將虧闕官題叅照例治罪追賠接備荒不在於臨時而在於豫畫　國朝所設常平原屬意美法良不惟遠近可以接濟而南北亦可以通融無如各州縣視常平爲具途並不出陳易新有負我　皇上愛民如傷常存哀矜惻隱之心屢布蠲貸賑邺之政矣

雍正五年奉　旨給發帑金令各州縣設立常平倉十年江蘇巡撫喬世臣奏定常平倉均儲穀數大縣三萬石中縣二萬石小縣一萬六千石

雍正二年令各州縣設立社倉以補常年倉之不及乾隆元年　上諭每社倉立正副各一人以殷實老成者專司出納

乾隆六年覆准巡撫徐士林題奏社倉凡收息穀一石准銷耗三升夫役工食在內俾社長用度寬裕乾隆十一年戶部議定新收倉穀每年每石銷耗三升滿三年穀

性已定不準再有銷耗

京師倉十有三通州倉二每倉有數十廒者有數百廒者統計一千二百八十四廒每廒有三四間者有五六間者統計六千四百二十九間每間廣丈有四尺縱五丈三尺檐高丈五尺有奇下藉甎甓上加木版牆址留下孔以洩其氣廒頭建氣樓以散其蒸每倉歲修以百金爲率

京倉以都統副都統通倉以通永道通州副將專稽歲差滿漢御史又稽一年內收支閱四年 特命王大臣

無論京倉通倉徧履察覈以重 天庾
定例京倉各分廒每廒積米以萬石爲率
乾隆七年奉 上諭常平倉穀每年存七糶三原爲出
陳易新亦使青黃不接之時民間得以接濟當尋常無
事之際自然循例辦理若値荒歉穀價昂貴小民艱於
謀食仍復存七糶三則閭閻得穀幾何大非國家發粟
平糶之本意也嗣後凡遇災歉米貴之年著該督撫即
飭地方官多出倉儲減價平糶務祈有濟民食毋得拘
泥成例著該部即行文各省督撫知之

雍正七年四月河東總督田文鏡以出陳易新具疏所奏舊穀將沒新穀未升其價不無少昂此當減價出糶以平其市價者也如此轉易小民不致枵腹而朝廷亦得藉此出陳易新免於紅腐誠一舉而兩得矣臣昔年盤倉分別新舊入廒每樣各取一石碾驗米粒成色則新入倉者每穀一石得米六斗五六升此米必糙惟荒年拯濟可用之其次則六斗有零矣再其次則五斗有零矣鹽燥工匠所食之米每石碾五斗若成華所賣之純粹米每石碾四斗多則四斗一二升而已穀愈陳則米粒愈細往往秖存半粒者且陳米炊飯不能漲發一升秖得半

升之飯又食之易至飢餓一人常兼二人之食由此觀之則倉穀之不宜久存明矣今州縣奉行不善而欲停糶借之例使常存於倉即數十年而穀仍在者誠不經之論也近年署篆人員最多嘗存五日京兆之心不肯出陳易新者恐其買補維艱耳地方官不能無賢愚勤惰之分胥役人等不能免中飽侵漁之弊賢而勤者自當保薦而遷陞之愚而惰者則當糾劾而更易之至於胥役舞奸又當峻法以懲治之此督撫之責司道府州之事也今不責各上司嚴其查察而惟守此數十年不易之陳穀以絕其弊端是猶行舟者惡

前涙而收帆駕車者恐覆轍而投轄有是理乎云云案田宮保所奏陳米炊飯不能漲發果然是篤論凡常平倉粟出糶時其價若不大減特減則窮民甯購市斗而不買倉粟且米汁如清水飯有餿餘氣其咎由官吏守此數十年不易之陳穀聽其蒸濕烣烇噎安得大僚盡如田宮保力挽近年之秕政悉復昔日之成規哉

同治乙丑太僕寺少卿彭祖賢以籌費賑濟具疏有云本年春夏亢旱順天直隸所屬境內赤地千里糧價昂貴飢民千百成羣藉端攘奪若不挽救則老弱轉乎溝壑

壯者卽流爲賊盜惟有急籌撫恤庶可以杜亂萌竊思荒政所謂極貧賑濟次貧賑糶稍貧賑貸者凡大綱細目有張伯行魏禧救荒等書均極周詳變通而增損之所難者必有經費然後可以舉行計順天直隸一百四十餘州縣被災太廣非預備銀百十萬兩不足以支給且飢民宜散不宜聚應令各州縣各賑其本屬之民若專在京城放賑恐飢民聞風而來轉多窒礙謹陳管見伏乞　聖明採納焉一捐輸宜推廣也從前捐賑惟准援照樂善好施之例議敘虛銜恐不足以昭廣徠此

番籌賑方殷必須准予優獎請照山東捐賑章程凡虛
銜實官銀穀並納一外省宜協濟也救災恤鄰古人有
告糴之義今畿疆亢旱薦歉之下萬姓嗷嗷當部庫支
絀之時不得不借助於外省請　旨飭下江蘇蠲捐
內提銀二十萬兩浙江蠲捐內提銀十萬兩以資撥用
而紓　宸廑一經費宜借動也賑務急如星火古人
矯詔發倉良以遲緩須臾即民不堪命方今畿疆飢民
危迫若待江浙之蠲捐解到再議放賑恐已成餓殍請
旨飭下戶部在銅局及礮局借動銀數十萬兩以應

急需俟江浙解到釐捐銀隨時歸款如此轉移則飢民可免流亡云云案救荒迫於救焚拯飢急於拯溺故彭太僕具疏先借別款以顧災黎足徵軫念民瘼之至意予嘗見外省各官當飢饉洊臻時遲之以行查俟之以稟詳遷延一二月然後案戶造冊分別濟糶殊不知嗷嗷者已成流離隕斃也夫救焚者不解帶拯溺者不褰裳奈何以百萬生靈旦夕之性命坐耗於故事具文乎

同治五年六月戶部侍郎崇厚以直隸辦賑具疏有云直隸各州縣入春以來雨澤愆期迄今未得甘霖農畎何

能播種米價昂貴飢民遍野而率眾抗糧之案層見疊出若不設法補救實有不堪設想者方今所急農民之食爲重必先有以全其命而後可以安其心日夜籌思尚有數事可以救荒與賑務相輔而行敬爲 皇上陳之一曰平糶減價蓋放賑則庫藏之力有限平糶則轉輸之力無窮卽如附近之奉省去歲豐稔糧價甚賤若能設法籌欵由海路運奉省雜糧源源而來層遞減賣則糧價漸平民情自不震驚也一曰分糧勸賑直隸雖非沃壤然甫遇旱荒富民尚有蓋藏因野無青苗存

糧之家均存避荒之念預備荒歉之藏揣想不多蓋不肯出糶若由地方官各就本境查明有糧之家約保房書必輕重其心上下其手令其量所藏之數分出若干或給予獎敘鄉民不重獎敘惟貴布帛粟菽或官爲借貸官借何能償還鄉民聞邑宰邑宰稟藩司藩司推未奉部文遂勾銷矣即以一州縣之積穀分賑一州縣之貧民力均而效速也案一州一縣中積穀之富戶有限而無積穀之貧民無窮一以有限之富戶救無窮之貧民力不足勢亦不長曰採買儲備本省荒歉若官爲採買則糧價愈形昂貴仍須設法採買南方稉稻等米由海路轉運京倉採買總以得人爲先倘不得人其弊不可勝言一曰以工代賑查直隸各州縣城垣

殘鈌河道淤塞當此救荒急務莫若就本境應辦各工程責成地方官勸諭捐輸將各工程舉行使災黎強壯者皆得藉雇度日工程愈大活人愈多而城垣完固則保障可資河道疏通則轉運有利誠一舉而兩得矣以工代賑本是意美法良但瘡痍未復飢荒尤甚雖工程愈大活人愈多獨不念閭井日空凋瘵日窮乎以財力之有限供夫役之無涯恐浮圖不能合尖耳

一曰施粥濟貧各府城如保定河間天津通州乃商賈稠集處饑民攜男負女前往乞食若不設法以救之儻奸匪溷跡其中是亂萌即伏於此應由地方官勸捐多設粥廠使流民不致失所必須各

州縣一律舉行若僅二三處辦理則饑民麕聚就食不惟經費支絀反恐滋累云云案崇宮保所奏於救荒諸政大有裨益若用人得宜並可消未形之患惟五條中一曰籌款二曰勸賑三曰設法四曰捐輸五曰施粥層層需用槩從閭閻籌畫以資挹注並無一條有言及發帑發倉蠲賦蠲郵者夫國家歲徵閭閻九千萬有奇當此困苦飢寒流離溝壑應宜　殊恩疊沛以收人心如何大臣尚說畫餅之空言不施涓滴之實惠耶妄臆揣度凡關涉　天庾地官及　大內廣儲司而含

默不語者必南庫北庫如善覺禪師所謂大空小空耳
辦賑最非易事偶不實心實力造孽尤大況自利乎尹文
端繼善督兩江時辦賑條告語有云倘不肖有司剋賑
肥家一有見聞斷不能俾逃法網即本部堂稽察有所
不到天理難容子孫將來爲餓殍而不可得痛哉言乎
道光六年丙戌亢旱前播種者盡成焦枯兼以蟲蝗爲害
糧價昂貴商販在成華購米其船過眉適州牧出示阻
運於是莠民統率男婦在要津持竿執梃肆毒作威始
而需索繼而掠劫兼以異縣痞匪溷跡其中日裒日多

竟成易聚難散大憲將州牧蔡葦嚴飭城守營驅除不然該輩挾飢民爲護符視官長爲孤注釀成李特李雄之患也夫稼穡卒痒凍餒流離時有子民之責者以通商爲要圖當思航海尙弛其禁而內地之過分畛域者可愧矣關津並免其徵而宿匪之借端需索者可誅矣

道光十一年荒歉鄉民採蓬草而食其粒類糠皮味苦而性澁食之亦可延命未幾而蓬草盡矣則剝榆皮而食案榆皮較別樹差善食之亦可不死未幾而榆皮又盡矣則又掘白墳土而食（俗名白塔泥）味腥而性冷食之不飢

未幾而腹脹腸墜十亡八九也居市者無此窘狀不過米價翔貴而已商販因其獲利故絡續轉運以資接濟而定遠某令聞每石米商販獲利二三兩藉練團而需索之商販不允某令出示抑其價於是商販折本從此無顆粒至定遠飢民結黨成羣先刼衙署某令瓶罄囊空且罷官閒居錦里竟成雀羅門巷矣夫商販跋涉遐邇皆爲錙銖計算倘抑其價本境之有穀者閉糴不出外境之貿易者裹足不前昔范文正公知杭州包孝肅公知廬州當荒歉時凡賣粟麥者任其居奇故賈至日

多米市日賤又諺語價高招遠客某令固未閱宋史豈諺語亦未聞歟古謂穠纖子大率此輩

温郫崇新等縣平疇沃壤廣產米商販購至廠地以資接濟道光戊戌大荒歉有劣紳勾串官吏於要津阻遏是以廠地一日間每石增價六七兩人情驚惶紛紛上控大憲雖將官吏嚴懲然遣散之工匠有就食瀘渝者矣有就食滇黔者矣凡離井里皆成鳩形鵠面目無故舊身無分文日則行乞城街夜則投宿菴寺甚至地方不能容留驅之荒村曠野以致流離隕斃者不下千百人

案温郫崇新產米一年豐收足供三年之食人民耕殖固爲身家計亦圖賣錢以資糧賦婚葬之費驟然禁止則屯積之粟無商販轉運以應急需旣不便於温郫崇新又不便於樂犍廠地況竟樂犍廠地之竈戶勢不得不買温郫崇新之糧戶亦勢不得不賣買賣每石米各暗給銀二錢阻遏二三月不過徒生官吏索賄私放之弊耳丁未予游錦城晤友人古雲樓孝廉言及某令爲阻米應分銀一千五百有奇某劣紳聞其撤省全行乾沒後匪徒蔡煌滋鬧殺斃蒲江韓令於温郫逃竄某劣紳當團總防禦爲賊刺死足徵天道不爽云

同治甲子川省饑荒嘉敘邛雅尤甚斗米售銀二兩八錢

（嘉州張公橋斗重六十斤）廠人多至新津販運新津某令恐糧戶多糶而本地鮮食遂出示禁糴商販既買之麥粟阻遏開放痞匪倚蠹借端搶刼篙槳則棄於郊野而不能歸囊篋則失於途人而不能問此載在律中何條奉在詔旨何日肉食者惛惛憒憒至此耶況咸豐癸丑甲寅以來物阜糧賤自成華溫崇至新津每穀一石僅賣銀八錢（米斗重三十斤）自丹蒲洪夾至峩眉每穀一石僅賣銀七錢六分（米斗重二十八斤）疲甿積糧滿囷不敷稅賦棄家而逃者有之貶價而售者有之（膏腴田每畝值價銀十兩若畸田塉田每畝值價銀八九

兩況無購主遂控鄰里懇官飭買者其案尤多當其時官不能救之於下天不能救之於上今一方豐稔四方來糴者是天欲稍蘇此一方民命之苦且大救四方民命之苦也而官出示禁之設法困之使糴者不得糴糴者不得糴坐視鹽煤工匠成臞鶴哀鴻何其無人心至此哉

甲子廠地工匠有蒻青草以救飢腸酌白水以療枵腹者駱宮保劃撥鹽釐銀一萬檄予協同苗雨田大令於廠地辦理平糶旋聞千百流民聚集灰山井攫奪槐頭棚莖人情震驚眾薦某[illegible]某乙兩秀才家殷實予給銀使

其購米施粥不意該輩侵蝕分肥投以石灰雜以糠粃而鳩形鵠面者十斃二三矣未幾某甲滿門病疫其所入之物是巫醫之物非彼之物也又未幾某乙房廊爲火焚其所入之物是回祿之物非彼之物也五六年後予見其子孫一流於匪窮巷圾囊一流於丐沿門乞食不必談因果然因果何嘗有爽有漏者哉以上五則吟香書屋筆記摘錄

皇朝瑣屑錄卷三十四

嘉州 鍾 琦 泊農

國計附籌餉三十三則

順治八年戶部奏言歲入額賦僅千四百八十五萬（時蜀楚滇黔尚未掃除淨盡）而諸路兵餉歲需千三百餘萬加以官俸各費二百餘萬計歲出一千五百七十三萬四千所出浮於所入者八十七萬五千有奇至十三年以後又新增兵餉歲欠至四百萬之多而 世祖終不加賦惟躬節儉裁冗費冗員而已見張文貞公筆記由今以思竟

不知當日　廟堂如何經營內外如何協濟始能殄殲凶徒廓清方隅疆域有磐石之安邊鄙成幅幀之固也昔胡艱難締造不加賦而有餘後豈席豐履厚反聚斂而不足請司農清夜問心不知其顙有泚否

康熙四十八年戶部庫銀五千四百萬從此有絀無盈至六十一年戶部庫銀存八百萬有奇雍正間始積至六千萬有奇蓋康熙時耗羨未歸公也常例未廣行也鹽課未加羨也關稅未定章也自　憲皇帝清釐整飭後於是每年除用可贍五百萬有奇

雍正中自西北用兵動支庫銀至　純皇帝登極庫銀存二千四百餘萬見大學士阿桂疏及開闢新疆動支三千餘萬而庫銀反存七千餘萬四十一年兩金川用兵費帑七千餘萬然是年　詔稱庫銀仍存六千餘萬及四十六年之　詔又增至七千八百餘萬宗人府內務府工部所存未算是府藏充足無過於乾隆時也且普免天下錢糧四次普免漕糧二次巡幸江南六次共計所出二百兆有奇

乾隆五十七年重華宮茶宴聯句詩註云戶部總冊奏上年各省實徵歲入銀四千三百五十九萬餘兩除俸薪

兵餉驛站等欵出銀三千二百七十七萬餘兩贖銀一千八十一萬餘兩此恐有舛錯如果歲贖銀有許多何以稍遇河患荒災海氛盜警司農遂籌餉開捐乎況其間未言雜費除雜費外據恩小山尚書奏疏歲贖銀五百萬有奇又案　皇清通考通志諸書歲贖銀多寡均無明文者蓋時舉時詘不能定也

國朝待八旗之厚至矣極矣除圈地外康熙間初平三藩　詔發帑金六百四十餘萬代償債負每家獲賞數百未嘗寸產徒靡衣食一二載蕩然無存其後又頒賞六

百五十五萬金未幾耗盡雍正時屢賞錢糧每次三十萬有奇逾旬而亦罄豈果八旗不善節嗇良由食指如蠶耗孔類鼠耳案入旗丁册二百五十萬有奇　國初所分圈地半多典當今京師及直省駐防聚集非士非農非工非商非軍非民二百五十萬之衆遨游城市坐享天庾待百十年後生育益加繁衍雖善籌餉如管晏綴術桑孔握算者安得地方有鄧家之千百銅山郭家之千百金穴以資接濟乎惟飭分駐吉林甯古塔齊齊哈爾城等處相畝闢疇務習耕殖除此别無良圖倘

再斟愖遲疑終有斷炊之虞脫巾之患也

國朝直省地丁歲徵二千九百四十一萬有奇雜賦三百五十萬有奇鹽課銀五百七十四萬五千有奇關稅銀五百四十一萬一千有奇蘆政銀十二萬二千五百有奇魚課銀二萬四千五百兩茶課銀七萬三千一百兩落地雜稅銀八十五萬八千有奇田地房屋契稅銀十九萬有奇銀銅鉛錫礦課八萬一千有奇山西湖南四川兩廣無定額不列此內常例捐輸約三百萬有奇通盤核算歲入四千七百四十二萬有奇漕白糧米四百六十萬一千九百

餘石新疆屯田歲收二十四萬尚在其外自軍興以來司農籌餉須行津貼畝捐約徵銀一千八十萬有奇至於昔無今有者洋關爲一大宗六成解撥四成解部總十四關約收銀一千四百萬有奇光緒十六年邸鈔又釐金亦昔無今有之一大宗約收銀一千六百萬有奇同治十年收銀一千萬有奇其後絡續加征六百萬零以鹺務計之加稅加課加羨加釐約收銀一千五百萬有奇又以新舊合計之歲入十千零三百三十二萬有奇較昔年正供加倍至歲出之數則滿漢兵餉一千七百三萬七千一百兩米豆草在內算俸銀九十三萬八千七

百兩文員養廉三百四十七萬三千兩武員養廉八十
餘萬兩賞恤滿漢兵銀三十餘萬兩八旗添設養育兵
銀四十二萬二千兩有奇歲終分賞八旗兵銀三十八
萬兩給一月口糧漕船修造約需銀十二萬兩十年更造一次每十年需
銀百廿萬兩故每歲派銀十二萬津貼疲丁銀二十萬有奇贖回旗丁屯田官佃
收租之銀驛站需銀二百萬直省廩膳學租銀十四萬兩東
河歲修八十餘萬南河三百餘萬海塘在內京官各衙門公
費飯食銀十四萬三千兩有奇宗室俸米無定額外藩王公俸銀
十二萬八千兩親王郡王貝勒貝子由宗人府支給無定額祭祀賓客等備

用銀五十六萬兩內務府工部理藩院太常寺光祿寺統算在內採辦顏料木
銅布等銀十二萬一千十四兩織造銀十四萬五千兩
有奇戶工鑄錢料銀十萬七千六百七十兩京師各衙
門胥役工食銀八萬三千三百三十兩官牧馬牛羊象
芻秣銀八萬三千五百六十兩宮殿苑囿內監二千四
百餘人約需銀八萬有奇所食錢糧案月五兩至一兩有差此歲出之
大數而鐲賑鐲免河工海塘及意外之事不與焉又耗
費昔無而今有者　吉地歲撥銀六十萬兩　惠
陵工程歲撥銀八十萬兩以及募勇也鑄礮也船政也

電報也長江之增水師也直省之設機器也各國之駐使臣也沿海之屯防軍也健鋭營神機營之接濟也家籌款殊屬瑣瑣但來如涓滴去勢汪洋而內中耗於各款雜費者十之四耗於制兵募勇者十之六所以古謂養兵無善政宋人括財明人增餉皆爲養兵所苦蓋天地間以財力之有限供支給之無涯豈有暴命不峻於誅求疲甿不空於杼軸者哉

國朝養馬四十餘萬匹不另籌欵京師暨直省營馬共十一萬六千八百五十三匹其馬兵月給草豆銀二兩五錢熱河等處官馬八萬六千二十一匹其馬冬春月支豆九斗夏秋六斗草地

游牧官馬二十餘萬匹如口外等處孳生者緣康熙時既平察哈爾空其地為游牧掌於太僕寺上駟院故內地無養馬之煩視唐代馬四十萬匹散在關中渭上占膏腴之地為牧野者相去遠矣

康熙四十四年　上諭宋明時馬政皆無善策牧馬惟口外最善今口外孳生已及十萬牛則六萬羊則二十萬若將此馬牛羊驅入內地牧養則日費萬金尚不足口外水草肥美不費一餉而駒牧日孳雲屯谷量此固天地自然之利以養天地間之物也彼時十萬匹孳生至今故有二十餘萬匹

順治六年五月戶部奏言師旅頻興所入不敷所出請開監生典吏承差并給僧道度牒等例七年六月 上諭免僧道度牒銀見魏源武事餘記案籌畫度支務思大體若司農巧稱酌劑科派僧道所得緲緲於事無濟反開胥吏需索之端也

國朝捐納助餉始於三藩之變其見於史館列傳者康熙十六年宋德宜奏言三載所入僅三百餘萬其捐納最多者莫如知縣至五百餘人請 勅戶部限期停止

三十年戶部以征噶爾丹奏言輸運糧草准作貢監及

紀錄加級與捐免保舉例御史陳菁陸隴其前後疏請保舉毋捐免部議皆不允案援例人員恐其操履不清貞故立保舉法以防之督撫因其清貞始敢保舉若不論清貞凡保舉可以捐免則奇貪異惡者亦可借報効而不斥革也（今捐納軍功人員到省一年由督撫甄別出具考語即當時保舉遺意）

乾隆四十七年　上諭各省加兵歲額增三百萬

命臣工議覆是時大學士阿桂奏言國家經費有常若歲額增三百萬核計二十餘年即須用七千萬水旱軍需其事恆有惟請酌添邊省而腹地無庸額增旋經戶

部具疏謂每年度支約餘銀五百萬今與增賞三百萬尚餘二百萬種種支發充足遂依前　旨施行案各省加兵而營伍積習相沿仍屬有名無實至嘉慶十九年庫帑所用已逾於所存　睿皇帝稱阿桂先見不愧老成謀國云明稱阿桂暗貶司農如果當時依文成公自乾隆四十七年至嘉慶十九年止核計此三十二年節省歲額九千六百萬何至於嘉慶間紛紛開衡工例豫工例乎案六年開工賑例收銀七百餘萬九年衡工例收銀一千一百廿餘萬十一年捐輸例收銀二百餘萬十三年土方例收銀二百餘萬十五年續增土方例收銀三百五十九萬十八年豫工例收銀五百餘萬見英和

具疏

嘉慶十八年秋河南有八卦教之變陝西三才峽賊又起

十九年黃運潰決儀封需用孔急司農竭蹶有請開捐

例者眾議久不決　上乃下詔曰開捐助餉原非得

已之政邇因軍餉河工經費浩大命諸臣籌策類皆空

言毫無補於實際中外臣僚食君之祿皆當忠君之事

果有生財裕餉之方但封章朝聞則捐例夕罷若徒爲

老生常談朕久已熟聞無庸贅瀆也于是大學士董誥

請京兌秤贏二兩所籌不多總督百齡請增典商息三分凡典

物者皆貧民今又增息貧民其何以堪縱然國家多益二三十萬之儲而閭閻已益二三十萬泣血傷心之眾也此誠下策大學士英和請復名糧開礦廠　上皆以非政體留中而遂開豫工例

自髮捻跳梁以來科派靡廣以川省而論徵至四百五十萬兩有奇又從光緒十七年至二十一年止加徵津捐土釐鹺務並絲棉茶蠟約收銀一百四十萬有奇光緒二十二年因日本軍務於各州縣稅契分別提解亦可得十萬有奇元史董文用云牧羊者歲嘗兩翦其毛今牧人日翦以獻主人悅其得毛多然羊無以避寒既死

且盡茲亦有加無已是猶日翦其毛也不念其寒且不
計其死矣
軍興以來有團捐防捐城捐竈捐房捐畝捐祠捐賬捐寺
捐船捐戶捐鋪捐同治三年給事中王憲成奏保甲捐請裁撤戶捐鋪捐稍蘇民困
埋胔捐馬草捐營柴捐師旅駐防有養馬之費每棚兵案日給柴十束不然派夫役至
鄉村用鑾用鍬用劚刀用钁鋤將相柏桑柘肆行斫伐成童山矣又省垣委員籌餉者
爲大捐避選劣紳爲耳目爲爪牙幾於竭澤而漁竭山
而畋矣且有援甘援陝援豫援黷援江皖援滇黔諸名
目予奉大憲檄飭同委員襄勞至第四次予不奉札與委員語言厖厚委員禀予抗辦蒙大憲故委糶務

官則並肩而來紳則接踵而至名爲勸卽勒逼也名爲捐卽搜括也（同治元年某紳在沙灣楊灣等處假竊虎威恣情鷹擊以致鄉人有自縊者邑宰苗雨田密告委員由此撤局其後某紳不得其死然）假朝廷之德威肥身家之囊橐雖爲藩庫益幾千幾萬之赤仄朱提其閒喪德裂名造孽促壽非淺矣（予年八十嘗見此輩藉勸捐而肆毒作威者往往人禍天刑隨其後也）

國計支絀不能不籌款而籌款以至於闈姓實屬絕無而僅見者也粵東賭局最熾向有闈姓番攤白鴿票花會名近年各賭局經督撫嚴禁雖未拔本塞源尚不敢明目張膽開場抽稅如闈姓者闈姓起於工匠漸而紳

遂相率效尤又漸而候補州縣府廳同流合污巧立榜花名目假言罰繳金錢資軍糈而抒報効具禀巡撫郭嵩燾立案委員徵收所謂闈姓者凡鄉試會試及歲考科考先設局投票限寫二十姓以中姓多少爲贏輸其投票之貲則自一分一錢以至盈千累萬其投票之處則自省會以及各州縣府廳窮鄉僻壤其投票之人則自官紳以及農工商賈漁樵擔負兵勇差役婦女媪婢莫不典釵質衣罄其所有各懷倖心希圖孤注一擲以致傾家蕩産服毒投繯甚至每遇科年謠言紛紛或云

某姓已通關節或云某姓已托人情其歲科兩考鑽營百計有姓字未登票內或經取錄則畀以多金使其不行赴覆或尋其瑕隙激同大眾稟攻否則有賂之故犯場規甘遭擯斥者至武闈鄉試之弊竇更難縷指同治九年三月經御史鄧承修具疏所言賭博顯有科條今則爲官抽收更復成何政體就令有利無害臣愚猶以爲不可況獲利有限而貽害無底若不早行禁止恐科場因此滋事釀成巨案閭閻由此並窮流爲寇盜相應請

旨飭下廣東督撫臣將抽收闈姓賭款迅行裁

革以肅政體云云雖奉 上諭嚴禁較前斂迹終不能盡絶根株以國家掄才之典爲市儈賭博之資阻士子登進之階啟官紳貪污之漸立心之險設局之奇未有如此者

咸豐間蜀省取民財者除徵税釐外一則曰津貼再則曰勸捐而勸捐惟利於貪吏劣紳惡豪土棍橫者借以樹威黠者用以漁利耳駱文忠公深知此粃政乃於同治元年奏準按畝派銀始盪去積弊並擇其痛苦之屌槩行豁免其意同於津貼而其法則善於津貼是以蜀省

籌款惟按畝尚昭公允耳

商賈以貨財託寄曰⿰亻匯票（俗作匯會均非）即唐書憲宗時所用飛錢明人誤為楮幣不知飛錢是執券以取錢而非以券為錢也與所用楮幣大異光緒二十二年因日本兵費司農撙擋焦勞鹿公制軍疊奏部文籌增巨款（川省案年加派九十四萬兩）有某官請用薛田之楮幣鹿公深悉閭閻之恐其窒礙滋累未能俯允者其存心如邱文莊不肯以黃銀白金化為謝公箋左伯紙也（宋史薛田張若谷造交鈔即楮幣也其制外為闌作花紋內書貫左書號右書料有篆文曰僞造者斬告捕者賞邱文莊云以無用之物易有用之物遂）

使蔡倫之智與太公之法竝行於後世噫可笑也哉

光緒十九年春加徵土泥洋線較前稅奚翅倍蓰而惡棍土豪依草附木勾串委員之胥吏家丁遍處設卡為壟斷居奇於是酆都[illegible]縣之肩販幾幾乎釀成禍端處此世勢不能不理財而理財安得有如唐臣劉晏寬而不弛簡則能周雖心存軍國而念繫烝黎者哉按唐書劉晏死之日籍其家惟雜書二車米麥數斛而已史稱其理財以養民為先用兵數十年斂不及民而國用足唐中僨而振晏有力焉雖理財之臣實循良之臣也特以功名日盛知遇日隆奸險輩如忌者甚多如常袞元載楊炎等莫不毁謗因其劾元載鞫獄[illegible]誅而其黨楊炎坐貶後炎秉政銜私恨為載報仇遂[illegible]搆以死而天下冤之使晏

不勘載雖理財必不至死晏既勘載卽不理財亦死也胡致堂謂晏因理財而死以其言利背義之害大若天道報惡者然何所見之偏僻所論之刻薄哉使司國計者不以足財爲務徒以不言利爲高則孔子何必云足食周官何必設司徒大學何必言生衆用舒之道焉嗟乎兵以平亂乃不論丈人之師節制之師而徒曰兵凶戰危老氏所忌是使天下無兵也刑以詰奸乃不論出於哀矜出於慘酷而徒曰臯陶無後爲主刑也是盖有縱盜賊以爲陰騭者是使天下無刑也致堂評史往往吹毛索疵如此此故爲後儒所譏刺

康熙十五年漕河總督王光裕有捐納生員一疏左副都御史田六善謂禮義廉恥國之四維今學臣率多不肖生員或有以邪徑進者人之視也則曰此以賄賂也已之欺人猶曰我以文章也推其欲盖之意仍是羞惡之

心今捐納則公然無恥矣人之不畏恥也當立法以教之人之猶畏恥也奈何開例以驅之云云案納監者從來本有之例納生員自古未有之條咸豐間軍需孔急戶部定章有捐舉人納銀三千兩捐生員納銀百兩者其例不久亦止

國初始開捐例其時商人巴某等初捐即補知府言官論之因革去康熙間以捐納冗濫經九卿集議將州縣教職中之不由正途者通改幕職佐貳後不果行今貲郎日多捐例日減徒褻名器無裨度支 國家果有停止

捐例之一日則或革或改前事可師澄叙官方正賴范文正一筆勾之辣手也

史記司馬相如以貲爲郎漢書食貨志令民得入粟補吏捐納之制由來已久然必家有餘財而後輸將獻納固可抒報効之私又可爲進身之路此中非無人才也乃自咸豐間軍精孔急捐章折減以來持銀百餘兩而爲從未矣持銀千餘兩而爲州縣矣即道府例銀鉅萬以上今亦折算至三四千兩矣家非素封人思躁進或遷湊於親友或借貸於商賈以本求利其弊不可勝言

軍興以來委員勸捐即遍傳殷實之戶及小康者始猶施之以禮繼則嚇之以威因之無力報捐者賄求免捐有力而恐多捐者賄託少捐捐數既登簿籍仍有無力全繳者於是官親幕友以五六折或三四折抵換移甲就乙謂之買捐川黔候補人員半由買捐來也

近世仕途最壞者莫如捐納彼蓋視官場爲利藪偶得銅章墨綬無不朘民生而飽慾壑顧其中亦有奇才畸士十可選二三然必由上官屢試其能而後特行薦舉其不能者即當甄別罷斥但榮之以頭銜而勿濫授以民

社之責何則捐納之利小縱其殃民之害大也如是則名器重而仕路清必不復敢以闒茸貪鄙者妄肮嘗試耳

道光戊戌　朝廷開豫工例予應試不得志遂捐監意欲遂隊觀光耳當時名器最重納銀一百八兩外火耗京平解款號規去銀三十六兩邑宰註册去銀拾兩而提塘報差批費無算迨咸豐初間髮捻猖獗徵求需廣捐章愈減愈賤至七八年時其例如風捲潮退監生一名僅折實銀十七兩有奇委員持　詔至縣飭役傳

其請　封加銜者並肩接踵而去鄉民反跕跼不肯
前必施威以嚇之假言以寵之始得報効戔戔於是牛
監羊肆之輩板屋竹牆之家冉冉綠綸　寵貢熒熒
奎藻繽紛也然視前代之彌天太保遍地司空者又一
在九霄一在九泉矣
咸豐十一年夏賊酋𤏡國棟率衆由青神直撲嘉州越三
月十日始解圍農人攜婦子回鄉復業饘粥不繼種餉
又乏可笑大憲既無賑恤反委員催糧急如星火時闔城無兵勇策應聞賊遠颺遂委員催糧殊屬出於情理外邑宰顧考成嚴飭差役追呼

是日過談甚焦灼予曰田不得耕穀從何出穀不得收糧從何來當此時勢靜以養之徐以導之然刑不可廢用其輕者賦難以緩先其急者若軍需畝捐夫馬倉儲俟呻吟息而瘡痍平再行酌派譬如初飛之鳥不宜拔其羽初植之木不宜搖其根也時川西北州縣因兵燹後有請蠲賦蠲恤者槩撫省故邑宰不敢再禀屬員遇如此大憲下情不敢上達雖有杜詩無從撫字卽當鄭俠未敢繪圖也

自滇匪跳梁科條互設箕斂無常而富民且惡官紳背信藏巧不取信於人病根在此於是畏居城市遷徙鄉村所居城市者皆破落之戶疲乏之商自顧猶艱遑言急公故今日

要道須從收人心收人心須從保富始富不失其爲富則心不失其爲心苟有緩急烏能脫身事外故地方有富民即國家之元氣窮人之靠山無如土豪借科條箕斂擾害之嫉妒之魚肉之若欲速其貧而心始快官紳果能設法招徠推誠往來使其安居城市委辦保甲團練不惟以資臂指且經費無支絀虞凡食其力者亦可藉以養生是保富者即可以收人心矣

光緒甲午十月即抄戶部飭典商各捐銀二百兩以資日

本軍精案天下典商共一千三百餘肆以定章而計之

僅籌銀二十六萬有奇所頒碩畫無裨供億之實反啟滋累之門且使外夷笑我司農無經遠之沈謀鮮適時之利用也故名臣安邦籌餉務其大者遠者不務其細者近者

乙未查和約共給倭人銀三十千萬其師不撤每月軍糈由我支以限年而計之應付七百五十萬是明給之外又暗給焉其期雖緩每月息利由我出案本核算復以限年而稽之應付息利十八千萬有奇是一給之外又再給焉當此三空四盡凋戶疲甿無虹吐金無牛瀉金

無術點土以成金惟倚桑孔持籌羅吉治獄今日星提明日火票今日此處鞭箠明日彼處搜括始了然閭閻膏血果竭皮骨空留恐桑孔羅吉亦悔已往之苛勒並貽將來之責卸矣宋史景德間澶淵之役遣曹利用如契丹軍議歲幣眞宗許百萬寇準召利用至幄而謂曰汝所許過三十萬吾斬汝矣利用竟以銀十萬成約而還以今較景德時其數多五千倍也靖康間金人圍京師宋乞和於都城搜括以至僧尼倡優始得金二十萬有奇銀四百萬有奇以今較昔其數亦多百倍也

乙未九月新例納銀二萬捐舉人案近年科試獘竇叢生有膺鄉薦僅費銀千百兩者今閭閻窘之誰以巨數而

捐舉人耶或有殷實急欲筮仕者何如正大光明遵章納銀二萬而兄弟共得兩知縣乎陶靖節不爲五斗之屈龐士元曾任百里之才有社有民自操自縱較舉人倜乎遠矣創此新例恐無人過而問之噫亦足徵

朝廷籌畫是猶渴飲鴆醴飢餐鵝糜惟顧目前而不慮日後耳

中國前欠英人銀以關稅質之今欠日人銀又以關稅質之我　朝於雍乾間亦玄泉流紅腐山積今忽俾租有客避債無臺執柄者當念四海之大六合之廣尙如

此支絀何況七凋八零之殘黎乎何況十室九空之疲甿乎凡徵求浸濫時以此從寬設想必歷亨衢而享厚福若一味苛派百般暴斂以鷙鷹爲治獅豸爲言者試看今日所寓之娼妓即是該輩所遺之子孫也

錦城官紳所陳籌餉條程亟繚棼絲重傷宿痏竊思同治間廓清氛沴時應將募勇厚畀貲財遣散歸農每名給百兩必欣然旋里以一千萬銀遂可遣散十萬師諺所謂長痛不如短痛也使閭閻養元氣而惜民力蓋元氣固則血肉自豐民力裕則國帑自饒矣計不出此而三十年以來既無賑恤尤加徵求且募勇數

十萬人濫設駐防數十處希圖親朋分瓜剖豆不顧閭閻挖肉醫瘡兼以有兵不練兵增而餉益絀有餉不核餉多而兵益冒（譬如嘉州自同治初年設駐防以來從未見操演惟丁雁臣總戎接管營務嘗飭士卒於王爺廟教習槍礮講求眼力手法）日本窺其闒茸乘其空虛故壬午滅琉球甲午取朝鮮履霜之漸堅冰之凝有由來矣夫治國如治家平日於人工歲費必斟酌輕重可裁則裁可減則減務留有餘地步以備緩急若取之如錙銖用之如泥沙謀近而不慮遠處常而不思變倘遇山魈澤魅財殫力痡將何帑藏以支給哉兵勇者疆埸之蟊

賊農商之膏肓也蟊賊不除而但滋之以糞溉膏肓不療而苟啗之以肥甘適足以養其害速其災欲求稼穡豐登肌膚充美固不可得矣

世當清晏海宇乂安而故以滋擾之煩重累閭閻是喪心之倡也時逢迍阨盜賊充斥而不以預防之道重保閭閻是忍心之儔也光緒二十一年八月鹿制軍下車後適黃巾綠林左出右沒急欲救民之生不暇恤民之怨故整飭團練爲戢干戈以安黎庶所須章程如果各州縣遴選端慤之士紳辦理竭誠匪懈矢念無欺不惟禦

外侮且防內奸矣但軍興以來大僚徒知斂財之巧不知生財之由徒知防人之欺不知養人之善凡外州縣之地皮剗削殆盡憶咸豐十一年仲冬予奉制軍檄創辦貨釐其札內許地方酌留一二以貲城防團練時賊酋解圍募勇未遣散遂同苗雨田大令籌商口糧支絀在各典肆共借銀一萬兩先遣散三千人以節靡費俟收酌留之款償還各典肆該典肆因見札內所云如此遂慨然允從在縣署立券樹銀孰意越三月劉藩司見貨釐踴躍忽來文飭令儘征儘解尚有短欠以地方官是問從此各典肆之青蚨變化爲黃鶴矣至今予見各典肆輙逡巡遠避但前鑒未遠來軫方遒諸君子褻勞局務勿效予以大僚所云信爲丹書鐵券一誤不宜再誤心之心之雖有龔黃召杜欲除弊興利而赤手空拳如何措施此番團練是以經費支絀無怪乎各

州縣藉口以因地制宜將章程妄肆改易聞川南川北等處分別大小煙館而委員案月征收之夫煙館乃藏垢納污之地赤身裸體之人飲博出其中盜賊出其中平日不科派尚畏法斂跡今大開其禁彼蠢有恃無恐則爲鬼爲蜮爲祟爲毒無所不至矣然則籌款如何曰禁神會之費以嘉州而論城鄉神會案年共耗銀五千有奇各州縣大同小異減演戲之費城鄉祠廟案年定章演戲飭令減半留半節設醮之費蜀好建齋設醮案年除仲春清醮外凡太平醮萬人醮羅天醮宜禁之止修廟之費蜀人往往於山麓橋頭建神宮梵宇若禁修造於閭閻省一分即留一分之脂膏節一文即多一文之衣食也以此金錢聊當其挹

彼注茲化無用爲有用仍以公而濟公較徵收煙舘之章程是猶飲鹽泉以療渴服猛劑以治邪者不啻星淵矣

國帑所慮者上不歸公下不歸民盡歸於中飽譬如乾隆四十六年 上以甘肅歷年恆旱請賑爲疑適布政使王廷贊奏繳廉俸銀四萬兩助餉其間有鬼使神差焉而前布政使王亶望擢撫浙江即捐海塘工程銀五十萬兩皆不類甘肅瘠地藩司所爲其捐賑監糧必有私收折色虛報災歉之弊 命阿桂李侍堯察奏具得始末而

王亶望任內開銷監糧六百餘萬石並常平倉穀百有三十萬石罪斬籍其家總督勒爾謹布政使王廷贊均賜自盡錄此以見國帑被其乾沒者不少矣邇年以來鹺政貨釐其間弊竇愈久愈深國帑愈損愈絀豈盡繞道之有漏（繞道者肩挑背負並非船拖水載縱漏不多）考課之弗嚴多由上者狠吞虎噬下者鼠竊狗偷而未能如純皇帝徹底清釐故也推其原咎在督撫賞罰之道未明勸懲之典未善賄託之情多鼓舞之途塞而人心有不得不苟且以求旦夕之安者

蜀人俗情染墨浮說雌黃凡上游籌餉往往以一座蜃樓架起千層煙霧光緒二十二年三月鹿制軍奉　上諭案年加欵九十四萬兩以資軍糈有自錦里來者謂一省城委員勒捐機房酒肆僧尼娼優甚言圜池溺賞亦分別大小而徵之醜肆謳謡忿形謗讟予竊思大僚匡時柱礎濟世舟航豈有如是齷齪者但流言三至曾母惑焉衆口一詞不獨流言三至後晤喬茂萱比部問之茂萱奏辦招商開礦凡籌欵深悉底蘊茂萱告予所云盡屬蛇足似此憑空結撰病狂耶夢囈耶然亦足徵人心愲怟世道澆漓矣盍籌餉乃

怨府禍梯兼以鄉愚可與樂成難與慮始仲尼子產初政尚遭毀訾況鹿制軍乎今豺狼雜處猰貐迭居財固宜理恩尤宜寬財不理無以裕國帑恩不寬無以惠民生凡糧賦則整其大綱闊其雜派稅釐則嚴其要津剔其冗局當效沈倫利公室亦必利私室宏範儲小倉不若儲大倉庶免歙恨囂囂嗷語籍籍否則有政苛猛虎之譏賦甚毒蛇之誚矣以上十九則吟香書屋筆記摘錄

皇朝瑣屑錄

卷卅五之卅八

嘉州　鍾　琦　泊農

法例二十四則

國朝律例館以刑部滿漢司員提調纂修五年一編輯曰律者以定罪也曰例者以輔律也凡篇三十凡目三百四十六所有指歸悉經　宸斷間多更正咸稟睿裁以平庶獄以儆官邪以靖兇頑以垂炯戒適列十惡之條定八議之典別公私之罪量輕重之情刑分首從科立加減大典昭而勸懲備完書具而法制詳也且

命司員朝夕講解手其帙而心其義否則議處按讀爰書之法有八非正犯而與正犯同罪者曰以（如監守貿易官物無異實盜故以枉法論以盜論並除名刺字罪至斬絞並全科）取此以例彼曰準（如準枉法準竊盜論但準其罪不在除名刺字之例罪止杖一百流三千里）不分首從曰皆（如監臨主守職役同情盜所監守官物並贓滿數皆斬之類）情有別而法無異者曰各（如諸色匠人撥赴內府工作若不親自應役雇人冒名私自代替及替之人各杖一百之類）更端而竟所未盡者曰其（如論八議罪犯先行奏請其犯十惡不用此律之類）因類而推曰及（如彼此皆罪之贓及應禁之物則沒官之類）無庸再計者曰即（如犯罪事發在逃者眾證明白即同獄成之類）設言以廣其義曰若（如犯罪時未老疾事發時老疾以老

疾論若在徒年限內老疾者亦如之之類律中稱期親祖父母者曾高同稱孫者曾元同適孫承祖與父母同緣坐者各從祖孫本法適母繼母慈母養母與親母同改嫁義絕及毆殺子孫者異是稱子者男女同稱道士女冠者僧尼同若於其受業師與伯叔父母同其於弟子與兄弟之子同犯謀故殺者異是稱監臨以分位言凡統攝所屬專制由己者並是稱主守以責任言凡官吏庫役躬親典守者並是稱一日者以百刻惟計工者自朝至暮不以百刻爲限稱年者以三百六十日稱人年者以籍冊爲定稱衆者三人以上稱謀者二人以上有謀諸心者一人

同二人之法稱與同罪者至死減一等稱罪者不減按申韓之學字句有似蘿圖竹牒雖加標註亦必研精索要方能疏解律義否則扣槃捫燭終不得其指歸也定例獄囚日給倉米一升冬給棉衣一襲夜給鐙油病給醫藥至於熱審時清理房舍寬減刑具仰見　列聖哀痛惻怛誠仁心仁政也蓋人生不幸父母失教既無恆產資事蓄又無恆業供饔飧貧困無聊流入匪類致罹國法橫被官刑禁卒毒若虎狼州縣視同犬豕舉手綑羅動足機埳自斬絞以下諸罪人不為獄中之鬼

亦爲道旁之魂有負　朝廷視民如傷之至意矣

定例劫案處分京城爲重（限三月捕獲）直省次之（限四月捕獲）直省城內爲重村莊道路次之村莊道路有墩防者爲重無墩防者次之承緝爲重（承緝官獲盜過半兼獲盜首盜窩者免議全獲者紀錄）接緝次之（接緝官獲盜雖不及半亦免議過半者紀錄）專汛爲重兼轄次之統轄又次之兼轄統轄同城爲重不同城者次之均於參揭時聲敘（逾期不獲疏劾疎防職名曰初參再限一年緝捕不獲揭報承緝職名曰二參以及三參四參各以一年依限揭報）由兵部覈明彙疏奏　聞專汛兼轄各官鐫級奪俸有差見督捕則例

定例凡強取竊取皆爲盜器皿錢帛移徙已離本所者是若木石重物已馱載者是若馬牛駝騾已出闌廄者是若鷹犬不聽嗾使者是若珠玉金寶曾經入手而隱匿將行未行者亦是未成盜而有顯跡證見者依已行未得財律科之已成盜者依得財律科之

定例供有待質而同犯在他所者聽勾取其在他所事發見問者以輕因就重因罪相等者少因就多因數相等者後發從先發若地隔三百里者移文關白各從事發處歸斷按　朝廷定例莫不斟酌美善但近年地方官

於強取竊取案失於枉者固有而流於縱者更多無他陰騭活人救生不救死誤之也故強本藏人以其首從皆須駢誅遂化而為竊此法一行而盜之漏網者眾鄉之受毒者深矣

定例十惡之條常赦所不原人多知之八議之典而人多不了然案八議一曰議親二曰議故三曰議功四曰議賢五曰議能六曰議勤七曰議貴八曰議賓此八者犯罪所司陳奏請　旨毋擅勾問若奉　命推鞫者開具所犯罪名恭候　上裁應議者之祖父母父母

及妻子犯罪亦如之
刑部律例全書凡殺人謀故論意鬬毆論傷戲殺論戲之情誤殺論誤之由殺訖者皆抵死惟過失不期而殺者得收贖至具狀而未死者驗傷官親往不得舁傷者就驗驗明立限責令犯人保辜以手足他物傷者限二十日刃及湯火傷者三十日折傷肢體及破骨墮胎者五十日限內因傷死者始論抵限外因本傷死及限內因他故死者各從本法近見州縣官立限保辜往往責令親屬領回調治然受傷者之親屬大率鄉愚不諳醫藥

況世情變幻莫測竟有秖求洩忿不肯妥爲照理故將受傷人於限內致斃以圖破行兇者之家此亦州縣官所宜前車後鑒也

刑部律例全書同居親屬及不同居大功以上親外祖父母（外孫同）妻之父母（子婿同）孫之婦夫之兄弟兄弟之妻有罪相爲容隱皆勿論若泄漏消息致罪人隱逃者亦不坐（奴僕雇工人爲家長容隱者同）惟謀反謀叛謀大逆者不用此律（按謀反欲危社稷也謀叛欲背本國潛從他國也謀大逆欲毀宗廟山陵宮殿也）聖訓煌煌足徵法外施仁之至意但予嘗見英年爲令者

妄生意見變更律義凡盜遠颺聽捕差扳誣詣偵探其族其戚而容隱於是鐵書容隱匪徒字以緝之該輩勢如虎狼禍及鷄豚未獲眞賊實跡遂拘其族其戚以候審官借可啖之家吏視可居之貨蔓引株連不異羅鉗吉網即至水落石出而釋放則良善之膏血全銷於官吏之筐篋矣

律例籍沒止以處叛逆而强盜已不與焉　國初窩逃定例籍沒豈窩逃之罪遂重於强盜乎即窩盜之律知情分贓者與盜同罪而止其不知情與知情而不分贓者

仍有分別乃初犯再犯之逃人罪鞭一百而窩主則行籍沒何逃者反輕而窩者反重乎或 國初見逃人太多故設法不得不嚴耳查逃人有父母妻子之恩自盛京私歸而爲之家者見骨肉作聚有戀戀難割之情所以冒昧容隱卽至犯法籍沒亦心服無怨然彼時爲窩逃籍沒者不下數萬家順治十一年兵部督捕右侍郎魏琯有請罷籍沒之令又畿輔人民圈佔以後田廬蕩然近以逃人牽累轉徙流離總督李蔭祖繪圖入告業蒙 聖慈浩蕩改從寬大慶更生矣

同治五年夏御史胡慶元以慎重刑章具疏前因盜風日熾將搶劫各犯照強盜本律不分首從皆擬斬決法已重矣乃新章又將強盜自首一條定以五日限期限外即不准首臣愚以爲塞其流不如清其源也查例首盜傷人自首及聞拏投首者擬斬候未傷人之首盜自首及投首者分别擬軍至未傷人之從盜自首者照律免罪聞拏投首者擬徒等語例意周密所以解脅從而予以自新也如五日外即不准首勢將從惡不悛驅歸盜藪而不知返矣仰祈不拘期限隨時准首以符舊例又

洋藥現在收稅除官與兵不准吸食犯仍治罪外其餘應聽其自買自賣如係漏稅私貨自當治罪今創爲三十六家之限除三十六家外雖非私貨亦不得賣是朝廷立法特爲奸商固壟斷之計又煙館照窩賭例犯則滿徒房屋入官若謂恐其窩匪殊不知窩匪自有窩匪之例今販賣千百斤者既准其公然列肆矣而販賣此零星數文者乃有滿徒之罪揆諸情理何以喻民且因此獲罪者甚多相踵而爲之者仍復不少徒使胥吏蠹役訛詐包庇無所不至云云近年刑部凡布一令不先

事後事謀出萬全惟顧目前而忘久遠之計凡立一法
不圖始圖終慮及隱憂惟狃成見而憚更張之勞譬如
盜案固宜嚴究然平日既無教養而立政又不清盜源
惟悉予駢誅有負我
列聖刑期無刑之意至於賣
煙者限三十六家不惟使該輩昂價居奇而京師廬密
人稠肩摩趾接按吸煙者不下十萬人蟻聚蜂屯於賣
煙之店安得不釀禍端又煙館照窩賭例滿徒查近來
大縣煙館一二千家中縣七八百家小縣亦有二三百
家槩照此例舉行則城鄉內外定然變成蜩鳴鼎沸耳

腐儒辦事大率如此古人謂善制藝者往往舍當務夫
以不識當務之人而談經濟高者僞下者害矣
同治五年御史胡慶元又以囹圄未清章程未定具疏請
寬提牢之處分而嚴定禁卒之罪名蓋京師人民雜居
獄訟尤繁刑部南北監嵗恆桎梏淩虐隕斃以及剋減
囚糧使饑而死是故殘民命也然其弊必不能革者因
提牢之權太輕而處分又太重若過於認眞則禁卒遂
舞弊作奸以逐其官使之革斥而後已案提牢管禁卒
而反爲禁卒挾制者雖由處分太重亦由提牢仕宦熱

中秖知固位戀棧含默不言釀成倒持戈矛以鑽授寇者也

同治辛未給事中王憲成請飭刑部增改條例具疏查舊例尋常盜刦之案分別法無可貸情有可原將法無可貸者正法情有可原者發遣此雍正五年九月定議歷久奉行欽惟 世宗憲皇帝剛健神武政貴嚴肅豈不念稍存寬宥近於姑息養奸盭於法外施曲貸之仁而於法中嚴必誅之律意至深也近來 輦轂重地屢有明火搶刦之案朝廷因時制宜繩以重典惟拏獲盜犯

不分首從悉予駢誅其中豈無廹於飢寒爲人誘脅者若不定以等差概從斬決似不足以昭一視同仁之意竊思辦理盜案其爲首者固應以得財不得財爲重輕爲從者則應以傷人不傷人爲區別除殺人放火各強盜俱照新章從重辦理外其餘刦盜之案仍照舊例是否得財殺人分別聲明辦理如此變通則法無可貸者不得倖逃顯戮而情有可原者亦不至槩罝覆盆矣又棍徒擾害歷經嚴拏重辦近來步軍統領衙門將素有綽號之人俱目爲棍徒拏送刑部其中有情罪尚輕者

刑部以其素有綽號從重將該犯依棍徒擬軍例或並無不法重情亦比照棍徒擬減徒罪伏思綽號係屬空言擾害必求實據如該犯爲害閭閻即無綽號亦安得不謂之棍徒如無擾害眞跡又豈可憑一綽號遽作重罪耶云云查例時而失輕時而失重者緣因意見隤蜳故前後厈厊至於凡有綽號從嚴問擬豈知狀貌醜陋者多得綽號古如賈逵號賈長頭荀士遜號醜舍人盧杞號藍面鬼李克用號獨眼龍是也有武藝高超者每得綽號古如王彥章號王鐵槍張玉號張鐵鐧王榮號

王硬弓劉彥貞號劉一箭是也有嗜好太深者亦得綽
號古如李容師號鳥賊錢仁傑號花精文了號乳妖米
芾號水銀是也假令諸人生斯世而刑部究辦則俯首
莫能伸其枉剖心不足明其冤矣

定例營汛地方有製造賭具之家若已逾半年者失察之
專汛兼轄統轄各官分別降革能拏獲者加級紀錄各
有差捏報邀敍及隱匿皆論如法

定例宗室覺羅犯軍流徒罪者照旗人折荷校日期以二
日抵一日犯徒罪者於空室拘禁犯軍流於空室鎖禁

皆於滿日釋放犯重罪者請　旨定奪
令甲凡羈繫刑部人犯秋審結案者歸北監現審未結者
羈南所結案之犯每月初二十六兩日許家屬入視案
情未定者概不許出入以杜傳信串供之弊也
法莫重於倫常罪期協於情理律載父有子女之妾稱爲
庶母又載妻之子毆庶母依弟妹毆兄姊例杖九十徒
二年半是嫡子衆子毆庶母已有專條惟嫡孫衆孫於
祖有子女之妾以庶祖母稱而律並無干犯作何治罪
明文竊思庶祖母乃父之庶母親伯叔之生母也乾隆

三十九年以前嫡孫衆孫毆庶祖母得同凡論殊不平
允亦於情理未安江西按察使歐陽永琦題奏經刑部
議覆嗣後毆庶祖母傷者卽照毆庶母依律科斷
律例所載嫡子衆子爲庶母服齊衰杖期嫡子衆子之妻
同而於庶祖母並無服制又妾爲家長父母服制期年
而於家長之祖父母亦無服制似於推廣之道未備乾
隆三十九年釐正
會典雜犯罪死與笞杖流徒皆有收贖之例蓋有祿人無
祿人情可矜疑與情不可矜疑故立贖法以原情

漢箠用竹當笞者笞臀與今制同周隋用荆條明初仍用
荆條笞杖皆然見明史刑法志嘉靖中改用竹不去
稜節其廷杖乃木梃也　國朝槩用竹不許連根帶須
足徵仁厚之至笞大頭濶一寸五分小頭濶一寸重不
過一斤半杖大頭濶二寸小頭濶一寸五分重不過二
斤均長五尺五寸
嘉慶十二年五月　上諭嗣後京控等案原告到省之
日起依限審結即有因人證未齊或該督撫公出不得
不稍爲展限亦當隨案聲明等因仰見　睿皇帝明

刑弼教激濁揚清至意但督撫凡京控等案何嘗堂訊
不過轉飭發審局委員勾提究問而已查京控往往所
告者州縣而委員亦往往徇情袒護皆持兩可之說未
歸五聽之平以致淹滯莫達寃屈莫伸咨嗟愁怨之氣
反易抑鬱而大傷天地之和非所以仰體　睿皇帝
慎重民讞明聽庶獄之心也至於今之州縣多習鑽營
不務實事考其詞訟愈出愈奇愈壓愈多則積案有百
起有三四百起者有經年不結有經數年不結者所以
舊事翻新新事砌舊於是龍旌蜆節之地變而為鼠牙

雀角之場矣揆厥所由半因貪酷所激半因拖延所召
耳

乾隆二十一年江蘇巡撫莊有恭題奏謂江蘇地方有不肖子孫私賣祖宗祀先贍族之產有豪富而謀買他族祀先贍族之產卽屬不孝不仁皆不可以不嚴懲伏查乾隆二十年十二月內提督衙門題奏嗣後如有不肖子孫將祖父墳園樹木砍伐私賣一株至十株者杖一百加枷號三箇月十株以上卽行充發奴僕盜賣者罪同盜他人墳園樹木者杖一百加枷號一箇月其盜賣

塋墓房屋木石磚瓦者亦罪同至於私買之人若不嚴
懲則市井無賴貪利引誘盜賣弊端仍難杜絕嗣後有
犯者請照盜他人墳園樹木例治罪其私砍樹木等物
分別入官給主等因奉　旨依議欽此現准刑部移
咨內外畫一辦理查砍伐樹木攸關觀瞻若盜賣祀產
義田則既絕其先世之烝嘗復絕其族中之生計其情
更爲較重應請嗣後凡有不肖子孫私賣祀產義田者
即照私賣墳園樹木例一畝至十畝者杖一百加枷號
三箇月十畝已上即行充發但無私買之人則雖有不

肖子孫無從覓售買者凡私皆由富室强宗圖誘謀買而起以同鄉共井之人於他族祀產義田並非不知乃忍心貪利謀買若僅照盜他人墳園樹木例治罪不足蔽辜應與私賣者同罪田產仍交原族收回賣價照追入官其有盜賣盜買宗祠者亦照此例辦理并飭地方官示諭令各族將所有之祀產義田坐落坵段各勒石宗祠呈報地方官立案如此庶不孝者知所懲儆而不仁者亦無所辭責凡係祀產義田可以世守勿替倘遇荒歉貧族皆有所賑貸不至於流離隕斃云云此疏於

興仁教孝維風厚俗大有裨益但近世敦樸之行微而險詖薄惡之習勝廉恥之道喪而諂媚勾引之徒多豈惟祀產義田囮誘謀買凡同鄉共井者見子弟有祖遺之廈屋疆畝莫不垂涎側目必煽其喝雉呼盧陷其徵歌舞妓誤交一匪而百匪畢至其傳染猶春原之草其黨類猶夏廚之蠅轉瞬方兄適賈將伯誰呼晝虛爨火日泣妻孥所有廈屋疆畝自然而然託人覓主出售不必待人囮誘謀買也

同治元年四月二十五日　恩詔婦女犯死罪無關十惡

雖謀故亦予援免然赦典固朝廷寬大之恩亦不宜濫施謀故則罪大惡極而亦輕縱以致死者抱屈幽者含寃其孚窒不伸戾氣不散亦足釀爲水旱癘疫之災矣

律例丈夫出遊三年音不聞聽其妻陳牒判嫁蓋王道必順人情未可以苦節之貞責凡庶也

川省凡勘驗之案見村民有殷實者不問遠近槪指爲鄰證株連蔓引謂之望鄰迨水落石出時而已傾家蕩產矣

容齋隨筆元豐後州縣榷賣坊場而收淨息以募役日久弊生往往鬻室抵產牽累四鄰四鄰貧乏者散及

望鄰之家必得償而止則望鄰之說由來已久也同治間邑宰黎公蓮九於猪肉一斤徵錢二文委予同王雲溪姻華園兩孝廉設局凡勘驗緝捕招解案章給發房班從此蠹役之蠹弊得清殘黎之殘喘少甦矣以上五則吟香書屋筆記摘錄

皇朝瑣屑錄卷三十六

嘉州　鍾　琦　泊農

邊陲三十六則

東北邊境與俄羅斯接界相聯者曰雅克薩城由雅克薩城以西千里爲尼布楚地早已入於俄羅斯由雅克薩城以北千里爲外興安嶺中間別無城戍惟雅克薩城每歲會哨必至焉見黑龍江外紀按我　朝用兵於雅克薩城凡二次其一在　太宗崇德年間以征索倫之故其一在　聖祖康熙年間以征羅刹之故乃

紀載家不知有征索倫之役遂以崇德四年羅刹已據雅克薩城致勞大兵撻伐直至康熙二十一年始平定誤矣誤矣其地為水陸扼要於邊陲大有關係我得此固足為我資敵得此尤足為我害當國執柄者不可不慮長思遠耳

甘肅地當衝要界連藩服漢蒙回番雜處舊隸陜西行省統轄康熙間拓地愈廣東西距二千一百二十里南北距二千四百里始設甘肅巡撫駐劄臨洮乾隆間又改臨洮為蘭州府後設總督駐之兼管巡撫事養廉銀二萬兩較直

隸江南尤多

光緒間以甘肅玉門關外廸化州改設省會其地東西距七千餘里南北距三千餘里新設巡撫布政使（巡撫養廉一萬二千兩布政使養廉九千兩較內地尤優）道四（惟鎮迪道兼按察使銜養廉三千加公費七百又加按察使公費三千兩）府二直隸同知九理事同知一通判三直隸州四縣十一佐雜四十六額征糧廿七萬六千五十一石銀五萬九千一百四十八兩每年所得不償所失是以明季視之淡如也然今日毗連俄國常懷窺覦而烏什乃咽喉伊犁乃鎖鑰不能不改設省會嶷如長城作固

東土矣
伊犁將軍統轄南北二萬餘里之官民與所屬之外裔然
新疆所入之稅歲僅八萬餘金不敷公費每年甘肅藩
庫撥解餉銀六十一萬以給之
臺灣不獨向來未入版圖即古史亦並不載其地惟文獻
通考始言澎湖之旁有毗舍耶國其民裸袒雎盱殊非
人類蓋即今之野番羣居瑒瑪蘭之外地也至明史藁
稱曰雞籠山鄭芝龍據爲盜藪招撫後其子成功於該
處僞稱尊號傳至鄭克塽康熙二十五年爲施琅所平

其地沿海南北距四百里東西距二千八百里層巒疊嶂乃閩浙江粵之屏藩但逼近日本彼島夷常垂涎側目光緒十年屬國琉球爲日本吞噬履霜堅冰我大臣杜漸防微不能不設重鎭於是將臺灣府奏改省會亦如新疆設巡撫一布政使一總兵官三兵備道一兼按察使銜府治三廳治三直隸州治一縣治十一佐雜四十員

光緒壬午英人殄滅緬甸癸未法人侵奪交趾屑火未燃履霜漸至我大臣故將要隘奏請改治以資控扼查滇

南毗連緬甸新設鎮邊撫夷直隸廳粵西毗連交趾新設歸順直隸州鎮邊縣其地山深箐密乃嚴疆也然無城堞惟築土垣以三四百之衆而派守於一二千里之遙聲援既不足以卻敵緩急又不能以相救倘潢池嘯聚寥寥制兵節節奔潰適所以啟戎心而張賊勢矣

姚虞嶺海輿圖高州有馬櫃猺木欄猺錢排猺竹洞猺黃海猺前明為邊陲要地自　國朝順治四年大兵平高州後今茂名信宜各縣已無所謂猺矣

粵東中路海口以虎門為咽喉自伶仃大洋過龍穴而北

兩山斜峙東曰沙角西曰大角由此以入內洋乃第一重門戶也進口七里一山屹立中央名曰橫檔有巨石俗名飯籮排又其前小山一座曰下橫檔海道至此分爲二支其右一支多有暗沙左一支以武山爲岸武山亦謂之南山山前水深夷船出入皆由此處乃第二重門戶也由橫檔再進五里則爲大虎山其西爲小虎山再西則獅子洋即由黃埔以進省之路是大小虎山乃第三重門戶也此外如蕉門盧灣山三門口新湧口港汊旁出島嶼周迴非夷船出入要津定例中路准各國

貿易在黃埔寄椗聚泊凡貨物報關候驗納稅投行若西路高廉雷瓊東路之潮州南澳嚴禁夷船游奕定例以來夷船並未竄越因道光初年夷船夾帶鴉片而以港腳為尤甚港腳地名曰嗌唯喇曰嗌嘪曰嘜噠喇嚧皆為暎咭唎所屬之港口即華言所謂馬頭也奸夷利慾熏心罔顧厲禁往往由外洋乘風竄駛越過中路直趨東路之南澳以達閩浙迨咸豐間立和約後於沿海省地來去頻仍遂成熟游之地矣

滇省騰越州產琥珀霞璽翡翠玉石且多五金礦藏焉英

入蠶食緬甸在新街佔據於騰越州嘗垂涎側目諸大臣亦以疆圉攸關意欲預先籌備無如因循是則大可慮耳查該處有海珀江源遠流長自千崖以下地勢平陽水寬至數十百丈不等至緬甸所屬新街會合於大金沙江惟有淺灘數處若稍加疏濬即通舟楫不惟平時商賈甚便一旦邊徼有變轉餉甚易元代征緬甸亦以舟師制勝蓋順流而下有建瓴之勢往歲英人滋事甚恐中國約會緬甸進取印度之地也見游歷芻言

四川龍安府土通判一土知事一曰牟托曰水草坪土巡

檢各一曰竹木坎土副巡檢一又所屬宣慰使四曰石砫曰董卜韓胡曰明正曰德爾格忒宣撫使三曰卭部曰裏塘曰巴塘安撫使二十有三曰長甯曰瓦寺曰梭磨曰小金川曰大金川曰沃日曰瓜別曰木裏曰單東革什咱曰巴底曰綽斯甲曰喇滾曰瓦述餘科曰竹窩曰霍爾章谷曰霍爾孔撒曰霍爾咱曰霍爾林葱曰霍爾甘孜曰麻書曰東科曰春科曰下瞻對曰上納奪長官司二十有六曰靜州曰隴州曰昌州曰威龍州曰普濟州曰曰岳希曰松岡曰沈邊曰冷邊曰卓克基曰瓦

迤崇善曰瓦迤毛了曰瓦迤曲登曰瓦迤他色曰瓦迤更平曰霍耳納林冲曰霍爾白利曰春科高曰曰上瞻對曰中瞻對曰蒙葛結曰泥溪曰平夷曰蠻夷曰沐川曰九姓副長官司一曰馬喇並龍安府統算共土司六十有二按文武縉紳書僅載石砫明正沈邊冷邊九姓其餘均未載故錄之每歲所貢蕎麥狐皮貝母馬牛共折銀四千七百二十三兩糧千二百七十石各有奇

粵西土州二十有六曰忠曰歸德曰果化曰下雷曰下石西曰思陵曰憑祥曰江曰思曰萬承曰太平曰安平曰

龍英曰都結曰結安曰上下凍曰佶倫曰茗曰茗盈曰鎮遠曰那地曰南丹曰田曰向武曰都康曰上映土縣四曰羅陽曰上林曰羅白曰忻城長官司三曰遷隆峝曰永定曰永順共土司三十有三

雲南宣慰使一曰車里宣撫使四曰耿馬曰隴川曰干厓曰南甸副宣撫使二曰遮放曰盞達安撫使三曰潞江曰芒市曰猛卯副長官司三曰納樓曰虧容曰十二關土府四曰蒙化曰景東曰孟定曰永甯土州四曰富州曰灣甸曰鎮康曰北勝共土司二十有一

貴州長官司六十有二曰中曹曰白納曰養龍曰虎墜曰程番曰上馬曰小程曰盧番曰方番曰韋番曰羅番曰卧龍曰小龍曰大龍曰金石曰大平曰小平曰大谷龍曰小谷龍曰木瓜曰麻嚮曰新添曰平伐曰羊腸曰慕役曰頂營曰沙營曰楊義曰都勻曰邦水曰思南曰豐甯上曰豐甯下曰爛土曰平定曰樂平曰卭水曰偏橋曰蠻夷曰沿河曰郎溪曰都平曰黃道曰都素曰施溪曰潭溪曰新化曰歐陽曰亮寨曰湖耳曰中林曰八舟曰龍里曰古州曰洪州曰省溪曰提溪曰烏羅曰平頭

曰垂西曰抵寨曰岩門副長官司三曰西堡曰康莊曰石阡共土司六十有五其四川青海之間別有土司數十隸於西藏達賴喇麻者不列此數凡宣慰宣撫安撫長官司之承襲隸兵部土府土州土縣之承襲隸吏部又土司貢賦或每年一貢或三年一貢各因其土產穀米牛馬皮布皆折以銀而會計於戶部以上四則見一統志案從前設土司爲駐防邊陲以資聯絡而保障嚴疆夫兵以氣勢爲用者也氣聚則盛散則消勢合則威析則弱今各土司勢弱氣消駐防如此無裨邊陲之益

啟敵窺伺之虞矣

凡邊陲土官甘肅指揮使八人土官有軍功由原銜遞加至宣慰使指揮使止無可復加者注册仍以本職治事承襲止授原爵指揮同知七人指揮僉事八人

千戶十人副千戶二人百戶九人

青海千戶一人百戶二十三人百長二十六人

西藏百戶十有四人百長十人

四川土千戶三十九人土百戶一百六十三人同治二年三月擒獲偽翼王石達開得千戶王應元嶺承恩占地利絕其糧道以致該賊頭飛六角面縛三門不然常有

剽害之苦永無休息之娛也

粵黔無千戶百戶惟滇有千戶一人以上五則見會典

前明設宣撫使秩三品安撫使宣慰使副宣撫使秩四品

長官司秩七品因軍功咸叨陞賞章服雖極品者然見

漢官微員亦執禮甚謹緣當時烟瘴巖疆軍民未習風

土故因地制宜使其鄉導彈壓今歷五六百年相沿以

夷治夷遂至以盜治盜苗猓無追贓抵命之憂土司無

革職削地之罰且完糧紗紗而徵於下者百十倍貢物

區區取於下者又百十倍一年四小派三年一大派小

派計錢大派派計兩土司娶媳則土民三載不敢婚土司遊山則土民數月不敢懈木坪宣慰使堅霱亭與予交道光甲辰約游峩眉山其從人舉案捧椀莫不跪而陳之至九老洞予坐石看白雲蓊蓊卷舒虛空而霱亭不坐石其從人伏地作虎形霱亭踞跌於臂上予深責其視土民若犬豕然竊思安得鄂文端公奏請改土歸流滌蕩廓清使此輩若披重昏而覩朗曜也但今日不革之而英法貪戀邊鄙之礦務亦必藉故變動而更革之或要求軍機或威逼土司小變則小革大變則大革未有永遠而不變者亦未有永遠而不革者矣

康熙朝總督轄川陝雍正九年大軍征噶爾丹策凌

上以川陝地廣又理軍需總督一員難於控制
特旨增設四川總督即以四川提督黃廷桂補授兼
管提督印務乾隆元年西陲軍務告竣裁川督廷桂仍
爲提督後於十三年復設總督始爲定員案川省疆域
其名雖東西距三千里南北距二千三百里然江水出
於巴薩黑水實爲喀喇烏蘇河此桑經酈注未悉之山
川也職貢極於廓爾喀郡縣列於大小金川此堯封禹
甸未闢之地土也驛站抵於唐古特屯戍接於巴勒布
此漢主唐宗未立之邊防也茶綱通乎藏衛鹽法濟於

滇黔此史記漢書未載之食貨也似此廣袤恐將來錦
渝兩地必劃分兩省如湖北之有湖南粤東之有粤西
以免繁冗之虞矣
寗遠古為邛都國自漢武用司馬相如言橋孫水以通西
南夷設越嶲郡由漢歷晉宋齊梁逮隋唐建置遷徙旋
亂旋平唐至德中為土番所據立城曰建昌府宋藝祖
玉斧畫疆委大渡河以外棄之是以終宋之世無夷患
而地為蒙鄭趙楊以及段氏所得與宋終始元雖收復
漢土置建昌衛邊陲屢有失亡明洪武五年囉囉斯宣

慰使安定來朝時建昌尚未歸順十四年遣內臣齎敕
諭之乃降已而月魯帖木叛都指揮使瞿能指揮同知
徐凱隨總兵官藍玉討平之改爲建昌衛至隆萬間晁
山有桐槽王大咱之亂越嶲有黑骨夷之亂延至我
朝康熙時輸誠納貢於是改土歸流分置各土司千
戶百戶爲酋長仍曰建昌衛雍正六年裁衛改甯遠府
設廳一州一縣三隸之此甯遠沿革建置之大略也因
地非膏腴路多崎嶇當道以荒服視之然產金銀鉛銕
銅錫硫磺石炭夫金銀所以易食貨鉛銕所以造軍械

銅錫所以資鼓鑄硫磺所以造火藥石炭所以運輪軸皆歐洲各國所需之要物當今英人由藏西大吉嶺修鐵路倘築至魚通等處則必垂涎甯遠法人由越南富良江修鐵路倘築至景東永北等處則甯遠亦受掣肘是今日之甯遠非如昔日之建昌乃巴蜀之咽喉嘉雅之唇齒也當道必先事預圖見機遠慮處常以防變居安以思危庶免敵人窺伺是亦大臣謀國者之深心至計也

章谷屯巉巖峻壁下臨千仞渨灅瀆瀑既不可運舟又不

能施礫設索橋三所每年照例修葺後漢書注所謂溪谷不通以繩索相引而過也張春丞明府辦理懋功屯務所言危險與李湘帆金川瑣記相符其製兩岸植椿千百鎮巨石於其上絙以長繩絡以片板旁用巨索護身人行其上隨足傾陷如履泥淖中一至中間隨風簸蕩勢更欹危板罅下窺驚濤掣電水聲若殷雷急鼓寒竦毛髮耳咢天風目眴噴雪足躡雲氣身飄飄如紙鳶進退無主有欲落不落之象彼時春丞過此命懸一線自謂不復世中人矣又懋功所屬龍登碉爲兩金川要

扼我　朝用兵惟金川受其挫折由路徑險滑巖石欹疊馬蹶不能馳人喘不能騁以致木果木全軍覆没也案章谷屯龍登碉等處乃巖疆保障固無他虞惟英人鑽頭覓縫凡有礦地莫不覬覦之恐鑛路告竣由藏衛前後搜尋而章谷屯龍登碉等處犬牙交錯平日亦宜設戍兵益險成於人而不徒賴其地也

興京東西距二百二十五里南北距二百九十里城周三里七十二步外城周九里東傍邊牆西接奉天南界朝鮮北抵開元山環水繞王氣所鍾漢始置元菟郡隋入

高句驪唐屬安東都護遼金爲東京界明置建州衛
國朝初名赫圖阿拉順治五年尊爲　興京設城守章
京以治之見大清一統志惟光緒二十年朝鮮臣服日
本而日本實偪處此眞我肘腋之虞心腹之患至於鳳
凰城乃是邊陲之要隘不可不扼衛嚴守也譬如武牢
之險不爲建德所乘興洛之倉不被李密所據有此地
利再加人謀於是待時蓄機必能澄清於天下毋容此
虜在域中矣
粵西通志柳潯等處多瘴氣每於春夏之交微雨初歇斜

日欲晛丹碧瀰漫似虹而非虹則瘴起也遭之急伏地或嚼檳榔或含土庶幾可免否則立病如疹瘧久則黃疸脹腹逾一二年莫救也必得黃花根治之黃花生水澤間長尺餘葉如蓼花開兩瓣其地自道光戊申己酉皆荒歉逆酋洪秀全楊秀清蕭朝貴乘機裹脅飢民入九萬於柳潯慶思等處東出西沒向欣然軍門統營兵鄉勇二萬四五千人追剿三四年之久彼此所用火器紛紛轟擊故瘴亦解散大抵瘴生於嵐山澤不正之氣也不正之氣使㸌爍之烈熖以震驚不得凝聚遂不得

害人矣但該處嘗爲萑苻嘯聚亦宜戍兵嚴防之
國朝於北徼設喀倫始於雍正五年黑龍江將軍所屬各
喀倫八十二座喀爾喀車臣汗分界各喀倫十六座庫
倫大臣所屬各喀倫二十八座烏里雅蘇台將軍所屬
各喀倫十九座科布多參贊大臣所屬各喀倫廿六座
有三座以冬夏移設並算塔爾巴哈台參贊大臣所屬各喀倫廿一
座又附西南各喀倫八座伊犁將軍所屬各喀倫九十
座案尚書有愼固封守之文周官有掌固司險之職漢
制邊郡皆設亭障此即　國朝邊境安設喀倫所由

助也更番候望之所曰臺　國語謂之喀倫亦作卡倫又有稱卡路喀龍者皆繙譯對音之轉矣

廣西通志上思州城東西南凡八十里萬峯嶻嵲其突兀盤折如羊腸魚脊直至安南國祿州地故名十萬山有八隘九險誠要區也按安南自光緒十一年後聽命於法若不於該處早日設兵扼衝嚴防惟在通都大邑葺銳養士固壘深溝是猶鄭人知虎牢可守而不知守孟津爲敵拊其背也秦人知潼關可守而不知守蒲津爲敵擣其虛也噫悔之晚矣

東北方曰艮維吉林黑龍江二省實居艮維之地水山靈秀拱衛　陪京其間有曰窩集者蓋深山老林之名艮由地氣深厚物產充盈故材木不可勝用洵所謂奧區神皋也然窩集不僅富饒且足以資捍禦蓋自黑龍江以西皆設喀倫爲界獨吉林等處東限於海北接俄羅斯邊界數千百里初未設喀倫惟賴窩集之險以限戎馬之足其興安嶺以北交俄羅斯境即是窩集地氣苦寒人跡罕至從古部落之居於是者非務游牧即事採捕以故深山老林鮮罹斧斤之患每年逢冬其葉落地

積三四尺厚漚漬愈久腐爛愈深而數千百里竟成泥淖並無蹊徑較長城巨防尤爲險阻然必設兵戍庶有恃而不恐耳

英人嘗言欲從亞山開路直抵滇省按亞山以東巴塘以西江卡之南騰越之北中間一段隔絕野番曠古以來人跡罕到其道里遠近無從稽考然審其山川之脈絡推其經緯之度數廣袤不下二千餘里山則重巒峭壁無可梯緪水則急溜奔瀧不任舟筏雖有五丁力士無所施其勇矣見海國圖志又緬甸所屬孟養有一綫之

路可達騰越徼外前明時置寶井於孟養故設銅壁巨石萬仞諸關皆通寶井之道自乾隆間平緬甸後全行廢弛而履霜之漸未雨之謀是所望於大力之君子

雍正間北路大軍由科布多移駐於烏里雅蘇台屯田積穀秣馬厲兵控制準噶爾至乾隆二十年以後蕩平新疆仍設定邊左副將軍以鎮之葢其地洵朔漠之綱維邊徼之保障也

科布多雍正間設參贊大臣以治之其地西倚金山北臨羅剎巖疆要隘屏藩攸關競揚貔虎之雄嚴防梟獍之

孽也

乾隆二十八年於庫倫設大臣專司恰克圖互市案唐回紇居今色楞格河元太祖和林故都俱在庫倫左右盍沙漠會宗之地英雄用武之區當道諸公毋忽諸

天山冰嶺之間伊犁為中國屏藩北門鎖鑰蓋漢唐時乃五單于角逐之場三葛邏憑陵之地當今俄羅斯鷹瞵虎視宜選將練兵築城屯田修封疆守要害嚴斥堠稽出入勿忽為迂圖以啟戎心也

國朝昔年嚴防西北近年嚴防東南昔在邊陲近在腹地

此天地之創事古今之變局也緣海禁宏開洋氛甚熾議者急郇模憂國之念著江統徙戎之文不知閩粵安疆聽其魚鑰江淮要隘挂其蠻帆所謂固中外防險阻壍溪隧壘軍營者此已失其策彼槩操其權矣倘橫槊蜂屯勁羽雀起干戈則動於牆內頗牧則乏於禁中無位小民偶念及此不禁太息痛哭流涕耳執柄者必深思遠慮凡通商大埠尤宜未雨綢繆選將厲兵修城聚糧承平日則控扼形勢以銷奸宄之萌氛沴時則提師應援以據水陸之勝勿聽腐儒輩妄談詩書可以銷兵

氣道德可以弭凶氛也某太史應 詔陳言所奏各國貪埠市非圖地土彼在中華讀孔孟書自化其桀驁之氣殊屬荒唐而不中聽矣況灞上父老咸恩晉室關中羸卒並望漢軍人心感念 國朝覆育之恩莫不卧薪嘗膽共欲雪此大恥若當道禮賢下士必有豪傑振興自勵奮發為雄蓋天下事未有憤悱而不啟者傾否而不泰者區區管見不患西人之縱橫而特患中國之自域若守科甲資格不從草莽中訪求有經濟者而大用之縱郄超入幕誰取其凡百有一之長無樂廣憐才何能拔十得五之列也毋怪乎豈能掃夐島為淨土變

香港爲樂鄉哉
國朝德隆萬古化洽九垓南胡北越之地土悉入版圖惟是逼近俄羅斯該國窮兵黷武好大喜功向無猒塞之心常有猾夏之慮也謹考北徼鎮戍之大者自最東迄於最西曰吉林省曰庫葉島曰三姓曰黑龍江省曰黑龍江城曰呼倫貝爾曰庫倫曰烏里雅蘇台曰車臣汗曰土謝圖汗曰三音諾顏汗曰札薩克圖汗曰唐努山烏梁海曰科布多曰塔爾巴哈台曰伊犁凡十有六處其形勝或峻嶺迴環或巨川縈繞洵極邊之咽喉要隘

之鎖鑰執柄者不可趨近利而昧遠圖務虛文而忘實效凡龍沙雁海之區億漣萬彙之衆當念杜漸防微有備無患以副 列聖垂㕑邊陲之至意

陝西興安巴東綏定之間皆老林深奧白蓮教於此東出西沒兵甫集而賊已遠颺兵甫退而賊又踵至且荆楚邊界二千六七百里與秦蜀犬牙相錯出秦蜀即入荆楚出荆楚即入秦蜀層巒疊嶂怪霧瘴雲兵少則益瘟滋毒兵多則老師糜餉故自嘉慶七年奏報肅清後以遣散鄉勇而激變又勞大軍二三載此番數百賊當數

千萬賊剿數萬兵當數百兵用雖當道失算抑由賊據地勢有以啟戎心而闖寇徑耳今盜賊充斥往往嘯聚凡陝西巴東老林深奧處亦宜遣將設守益沃炭必徙薪否則爝火可以燎原治河必塞漏否則涓流可以潰防也

伊犁乃中國輿區不僅西域　古戍所以同治間回人白彥虎跳梁俄羅斯效漁人得利坐收伊犁及雅克薩城光緒五年遣侍郎崇實出使俄羅斯索還地土該國挾勢要盟貪求無厭　欽差辱　命擎參刑部治

罪光緒六年正月初三日復遣大理寺少卿曾紀澤至該國與其君臣訔訔爭辦該國理屈詞窮於光緒九年三月十五日甫改崇厚擅專擅許之條約將伊犁收回誠以水陸扼要之形巖疆會哨之地不可當以腹心而茹蠱蚘庭闥而豢封豕也惟雅克薩城另行籌辦然大端不出乎償款而已通商而已分界而已仰見我

皇上於軫念民瘼之中仍寓慎重邦交顧全鄰好之意矣以上十八則吟香書屋筆記摘錄案咸豐八年俄羅斯乘我方有兵事紿奕山而攘我鴻蘸里江東之地五千餘里又誑我沿邊常住卡倫以外之地萬餘里　文宗恐生靈塗炭

因而畀之歐洲各國
亦惡其過於饕餮

皇朝瑣屑錄卷三十六終

皇朝瑣屑錄卷三十七

嘉州 鍾 琦 泊農

驛站六十九則

定例驛程自 京師達於四方一曰東北路達盛京一曰東路達山東一曰中路達河南一曰西路達山西由盛京以達於吉林黑龍江餘省皆由山東河南山西馳遞由山東者二路一達江甯安徽江西廣東一達江蘇浙江福建由河南者二路一達湖北湖南廣西一達雲南貴州由 京師至山西二處一經關內一經關外由

山西以達於安西甘肅四川勘合火牌均注道所由紆迴逗遛者有禁

定例齎進本章分別緩急日行定期司驛官無故稽遲計其時刻議處至具疏有關機要不可緩者由驛限遞尋常事不準

自盛京西至山海關設驛十有七東至　興京驛四南至朝鮮驛八東北至吉林黑龍江驛三北至法庫邊門驛二馬共九百九十有疲瘠者十匹歲易三匹車和雇以應役每里銀一分往來乘傳者車馬廩糧內據兵部外

據吉林黑龍江將軍文移給之所需帑金於 盛京戶
部移取歲終以廩糧册送戶部以車數册送兵部均察
覈奏銷見 皇清通典
盛京至山海關總設管理驛官一人至 興京吉林黑龍
江法庫門朝鮮又總設管理驛官一人其驛官於盛京
五部司員中選補三年更代每驛設丞由管理官保用
站丁無定額每三年編册送戶部察覈見驛政全書
凡內外蒙古所設郵政每百里為一傳自喜峯口至札賴
特置郵十有六自古北口至烏朱穆秦置郵九自獨石

口至蒿齊忒置郵六自張家口至四子部落置郵五自殺虎口至吳喇忒置郵九又自歸化城至鄂爾多斯置郵八均於水泉形勢之地安設

驛官五路各設員外郎一人筆帖式一人由理藩院奏委司其事

驛丁喜峯口六百名古北口三百名獨石口四百五十名張家口五百五十名殺虎口七百五十名均於各路窮戶內選充

驛使計程在千里以内者乘官馬千里以外及奉要差不

計程途均乘驛馬仍以使臣之品級爲差等
每一傳馬五十匹案年以二分報銷疲乏之發帑買補
定例驛馬倒斃歲有常倒斃逾額者禁
定例新疆臺站卡倫嘉峪關至哈密千四百七十五里設
臺二十一哈密西路至闢展九百八十里設臺十有二
闢展至吐魯番二百四十里設臺三吐魯番至庫車千
七百九十里設臺二十一庫車至阿克蘇六百九十里
設臺八阿克蘇至葉爾羌千一百七十里設臺十有九
阿克蘇西路至烏什二百四十里設臺二葉爾羌西路

至喀什噶爾四百九十里設臺七葉爾羌南路至和闐六百五十里設臺六

定例每臺設回民十戸綠旗兵五名駝四隻馬十五匹有可通車行者設車二輛營員及筆帖式司其事以待衛統之

定例兩江兩湖兩廣四川均設驛船以供差使船各烙號於上以杜私賃私借小修大修折造責成驛傳道經理屆期督撫報兵部察覈題覆

定例勘合火牌編號鈐印書奉使所由凡應得夫馬舟車

廩給及僕從口糧均以品級定差等頒奉 詔勅並攜有甲冑者增之急務及取道口外軍臺者減之防詐僞嚴驛擾濫支濫給者皆論

定例解送餉欵及隨征督餉用馬不得過三匹章奏專差齎進者不得過二匹雲貴會試舉人馬一匹

按皇清一統志自京師皇華驛至直隸省清苑縣金臺驛共三百三十里

自皇華驛至宣化府宣化驛共三百七十里

自皇華驛至喜峯口共四百十里

自皇華驛至獨石口共五百廿里出喜峯口獨石口皆蒙
古游牧地
自皇華驛至張家口共四百三十里由張家口分道至宣
化府榆林堡站九十里
自皇華驛至古北口二百四十里由古北口至熱河二百
十里
自皇華驛至　盛京共一千四百六十里由　盛京至
興京郎　國朝發祥地共二百六十里又由　盛京分
道至鳳凰城郎朝鮮界共四百六十里

自皇華驛至吉林城烏拉站共二千二百四十五里由烏拉至甯古塔六百卅里

自烏拉分道至騰額爾哲庫站二百廿里由騰額爾哲庫站至三姓城七百十四里

自皇華驛至黑龍江共三千三百十七里抵將軍駐劄之齊齊哈爾城由此至呼倫貝爾城五百四十五里即金人上京臨潢府又齊齊哈爾城分道至黑龍江城抵副都統駐劄處共八百七十五里案黑龍江是總名齊齊哈爾城即黑龍江省會若黑龍江城距省會八百七十五里漢鮮卑明朵顏衛皆其地也今通稱爲愛呼以附近有愛琿古城轉琿爲

呼耳

自皇華驛至山東省歷城縣譚城驛共九百卅里

自皇華驛至山西陽曲縣臨汾驛共一千二百五十里

自皇華驛至山西朔平府右玉縣站九百十里其地邊疆要隘出右玉縣城二十里至殺虎口設有監督一百里至和林格爾昔為喀爾喀之地今設通判五十里至薩爾沁六十里至歸化城設副都統又五里至綏遠城設將軍及驛傳兵備道統屬同知通判巡檢十八員

自皇華驛至河南祥符縣大梁驛一千四百九十五里

自皇華驛至江南省上元縣金陵驛共二千三百十九里
由水路共二千八百六十一里
自皇華驛至江蘇省元和縣姑蘇驛共二千七百四十三
里由水路共三千一百四十一里
自皇華驛至安徽省懷遠縣練潭驛二千六百二十四里
由水路共三千四百廿一里
自皇華驛至江西省南昌縣南浦驛共三千一百八十四
里由水路共四千八十一里
自皇華驛至浙江省錢塘縣武林驛共三千一百卅三里

由水路共三千五百卌一里
自皇華驛至福建閩縣三山驛共四千八百四十八里
自皇華驛至臺灣省臺灣縣共七千二百五十里
自皇華驛至湖北省江夏縣將臺驛共二千六百九十里
由水路共四千三百廿一里
自皇華驛至湖南省長沙縣長沙驛共三千五百九十里
由水路共五千八十一里
自皇華驛至陝西省咸甯縣京兆驛二千五百四十里
自皇華驛至甘肅皋蘭縣蘭泉驛共四千九里

自皇華驛至四川省成都縣錦官驛四千七百五十里
自皇華驛至廣東省番禺縣五仙驛五千六百四里
自皇華驛至廣西省臨林縣東江驛四千六百五十四里
自皇華驛至雲南省昆明縣滇陽驛共五千九百十里
自皇華驛至貴州省貴筑縣驛四千七百五十五里
自皇華驛至西甯四千六百廿九里由西甯過日月山郎
青海地
自四川省成都縣至西藏六千一百七十里由西甯至西
藏三千五百六十里

自廣西省分道至賓州七百六十里由賓州至甯明州六百四十里由甯明州計程三日出鎮南關卽越南界

國朝威德遠播漠南蒙古諸部落屏藩攸寄與滿洲無異凡疆域惟科爾沁最大至京二千八十里扎賴特至京二千有十里杜爾伯特至京二千五十里郭爾羅斯至京千八百九十七里其貢道由山海關土默特至京千里喀喇沁至京七百六十里敖漢至京千有十里奈曼至京千一百十里扎魯特至京千五百十里阿祿科爾沁至京千三百四十里翁牛特至京七百六十里喀爾

喀左翼至京千二百十里貢道由喜峯口烏珠穆秦至京千一百六十三里巴林至京九百六十里阿霸垓至京千里蒿齊忒至京千一百八十五里阿霸哈納爾至京九百六十里克西克騰至京八百十里貢道由獨石口四子部落至京九百六十里毛明安至京千二百四十里蘇尼特至京九百六十里喀爾喀右翼至京千一百三十里貢道由張家口吳喇忒至京千五百二十里歸化城土默特至京千一百六十里鄂爾多斯至京千一百里貢道由殺虎口共二十五部落計五十一旗每

旗設扎薩克一人凡貢物每旗進羊一羫乳酒一埕
喀爾喀後路土謝圖汗部至京二千八百里喀爾喀東路
車臣汗部至京三千五百里喀爾喀西路扎薩克圖汗
部至京四千里喀爾喀賽因諾顏扎薩克親王部至京
三千里青海四部落至京五千七十里烏蘭烏蘇厄魯
特至京五千里額濟內土爾古特至京五千里賀蘭山
厄魯特至京五千里游牧察哈爾至京千里
自皇華驛至烏里雅蘇台四千九百六十里雍正間北路
大軍由科布多移駐於此屯田厲兵控制準噶爾至乾

隆二十年以後新疆蕩平仍設定邊左副將軍以彈壓之

自皇華驛至科布多六千二百八十里設參贊大臣以治焉

自皇華驛至庫倫二千八百八十里設大臣駐防由庫倫北行九百廿里以達於恰克圖爲通俄羅斯互市之道

以上三地皆在喀爾喀界

自皇華驛至哈密六千九百八十里距新疆省一千六百廿里古伊吾盧即唐書西伊州也皇華驛至闢展八千

一百有十里距新疆省七百里古鄯善即唐書樓蘭也

自臺站至吐魯番共七千三百四十里距新疆省五百卌里古車師前庭即唐書交河郡也烏魯木齊即古車師後庭亦屬交河郡

按嘉峪關外哈密闢展吐魯番本中國舊郡不列新疆內按新疆南北兩路由哈密分途天山橫亘其中故有南北祁連之稱祁連即天山夷語謂之達般凡赴伊犁古城巴里坤烏魯木齊庫爾喀喇者皆取道於北凡赴烏什庫車和闐土魯番阿克蘇葉爾羌喀喇沙爾喀什噶爾者皆取道於南然北路過達般其寒徹骨且雪後路迷往往陷於無底之氷海惟別有小南路可通古城高厚蒙古謂哈密爲西域咽喉諸夷入貢必哈密譯其文乃發

自皇華驛至巴里坤共七千三百卌七里距新疆省一千

二百七十里今改鎭西直隸廳其地諸番羅列故設總
兵官以彈壓按漢書即古月支也
自皇華驛至精河臺一萬二十五里距新疆省八百九十
里今設精河直隸廳即古安阜也
自皇華驛至拜城一萬三百八十里距溫宿州四百五十
里今改拜城縣其地與庫倫伊犁犬牙相錯即古姑墨
也
自皇華驛至英吉沙爾一萬二千二百七十八里距新疆
省四千三百卌一里今改英吉沙爾直隸廳地當衝要

人亦龐雜卽古依耐也
自皇華驛至烏魯木齊由南路共八千六百八十九里由北路共八千五百七十六里俱抵迪化州鞏甯驛今改新疆省迪化州升府其形勢實據上游於此設重鎮所謂扼其吭而拊其背也
自皇華驛至塔爾巴哈台一萬一十八里距新疆省迪化府一千四百五十八里卽郅支也今設直隸廳有叅贊大臣領隊大臣以鎮之
自皇華驛至庫爾喀喇烏蘇九千二百七十七里距新疆

省六百七十里今同哈密吐魯番俱改設直隸廳案庫
爾喀喇烏蘇即古嗢鹿也
自皇華驛至喀喇沙爾九千三十七里距新疆省一千九
十里今改設直隸廳即古焉耆也
自皇華驛至庫車九千九百八十七里距新疆省二千四
十里今改設直隸廳即古龜茲也
自吐魯番城至阿克蘇城共二千四百六十里由阿克蘇
城至伊犁城共一千二百十五里又由阿克蘇城分道
至烏什城共二百四十里阿克蘇本名溫宿今改溫宿

直隸州案即古子梘也伊犁今改伊犁府案即古烏孫也烏什今改烏什直隸廳案即古尉頭也

自皇華驛至伊犁共一萬四十四里由提報處從臺站至伊犁共九千二百九十里又由迪化州至伊犁一千三百五十五里案新疆東西七千餘里南北三千餘里各城分設參贊辦事領隊大臣而權皆統於伊犁將軍

自阿克蘇城至葉爾羌城一千三百廿五里由葉爾羌城至喀什噶爾城五百五十里由葉爾羌城分道至和闐城七百七十里葉爾羌今改莎車直隸州案即古莎車

也喀什噶爾今改疏勒直隸州案即古疏勒也和闐今改和闐直隸州案即古鹽澤也即老子化戎成佛之地沙雅爾賚哩木乃北徼要道昔爲準噶爾所苦致煩征討天戈所到臣服彌遐故沙雅爾設臺距京萬二百卌里賚哩木亦設臺距京萬二百九十里見讀史方輿

案俄羅斯地勢與中國犬牙相錯自黑龍江齊齊哈爾城至呼倫貝爾城六百四十五里由俄羅斯恰克圖互市處行二千六百卌里至孟克乞羅郎交黑龍江呼倫貝爾城矣又自烏里雅蘇臺行六百里至察漢托羅海臺

接北邊近吉里克卡倫若由恰克圖分道行二千二百十里至巴彥布拉克亦相聯吉里克卡倫矣案驛站諸家紀述頗有異同非從通志通考通典及黑龍江外紀旁蒐參考未易明也爰臚其略撮其要以資省覽焉夫自古用兵沙漠拓地廣遠未有如 高宗睿慮周詳貽謀美善如此設驛站以通聲息者昔漢空朔庭而不能屯戍其土於是鮮卑烏桓據其故壤矣唐滅突厥而不能保障其地於是契丹回紇踵其舊習矣皆由當時之君狃於常勝而不爲後圖故也惟我 高宗當武

功震耀時益務爲長治久安之計凡要害莫不星羅碁
布防患於未然是我　朝[illegible]國驛站之政至　高
宗而集其大成但無百年不敝之法亦無敝而不整飭
之道司事諸臣應宜隨時察覈當因者因當革者革勿
坐視其弊生蠹積而不亟思所以補救之術變通之方
也
黑龍江外紀所載黑龍江城自西北至雅克薩城一千三
百里其城乃羅刹築也案通志通考雅克薩城本索倫
部修嗣因博木博果爾叛據崇德四年大軍討平之未

設官兵戍守順治間爲羅刹竊佔巽以樓櫓加以睥睨
而已康熙廿五年克復雅克薩外紀單言羅刹於索倫
部殊屬疏漏又由雅克薩至尼布楚城一千里其城亦
本中國蒙古屬地初非羅刹所有亦非甌脱之區也崇
德時俄羅斯竊佔及　聖祖命將出師於雅克薩額
爾古納皆收入版圖而念尼布楚不在周封之內非居
禹跡之中於是捐以畀之故驛站祇載雅克薩不載尼
布楚以上二則吟香書屋筆記摘錄
皇朝瑣屑錄卷三十七終

皇朝瑣屑錄卷三十八

嘉州　鍾琦　泊農

風俗四十四則

龍沙紀略國朝方式濟撰黑龍江等處除夕懸弓矢門楣間因我太祖皇帝於除夕克强敵　帝業由此以成諸部落艷頌之遂沿爲俗

京外每歲易桃符多書天恩春浩蕩文治日光華十字內城滿洲尤比戶皆然按二語蓋　憲廟賜張文和公春聯也見茶餘客話

宣化在北口外土人生子每針腕臂作字或花形塗以靛蓋恐有離異可爲誌也其意甚古

宣化以每歲季春出郭外蔭柳踏青男女襍坐席地飲酒墮珥遺簪日昳不禁解裙挂於樹杪曰挂紅遥望之紅綠飛揚殊有可觀又於五月十四至十六日原爲總戎晾甲之期士人訛爲晾腳會故於此三日無論貧富婦女羣坐於大門外日必易著新鞵其富厚者日凡四五易遊人指視贊其纖小則以爲榮此俗尤陋

川省風氣凡官到任無論其政事之何如清官坊清官碑

清官牌匾清官傘衣種種靡費概科派閭閻往往德聲
未聞而怨讟遠播其實皆閭人先授語團保而團保藉
以斂錢獻媚並非閭閻本意而此陋規竟成爲定案也
巴蜀人多聰頴俗尚虛浮衣則吳綾蜀錦食則畢甕郇廚
往往泉府早空債臺高築也
蜀人務虛不務實凡科歲考試鑽營結黨成羣有家僅中
貲其父兄縱容子弟倩人捉刀是以賄串內外包覆包
發雖列膠庠靡費至千百金索謝者紛紛追呼不能不
出大利以應急未幾賣田以償人其間鬻一畝則少一

畝之入輾轉借售不二三年瓶罄囊空其貧在二三年之後而致貧之故實在入學之初可謂愚極矣

潍水縣鄉民習鐔技凡收穫後攜其婦女子孫出門賣藝憶昔在莒銕樹宮踩索橋翻雲梯友人約予往觀之適見少婦仮背貼地蓮瓣翹然如玉山高並弄鐔展轉縱之横之倏上倏下一足擲鐔空中一足承鐔周旋如車輪略無傾欹未幾晤甘子牧孝廉談及鐔技之精巧子牧曰此吾鄰人也其家有良田大厦秋後出游歟年二月旋里栽秧插稻潍水習此者多因此發家者眾亦風

氣使然耳

嘉州新婦至門多以氈袋藉地謂之傳代白香山娶婦詩青衣捧氊褥錦繡一条斜元陶宗儀輟耕錄今新婦至門則傳席以入弗令履地此禮自前代已行之今則易以袋取語吉爾

揚州古稱佳麗自唐以來有官妓國初官妓謂之樂戶土風立春前一日太守迎春於城東蕃釐觀令官妓扮社火春夢婆一春姐二春吏一皂隸二春官一次日打春官給身錢二十七支另賞春官通書十本至康熙間裁

樂戶遂無官妓以燈節花鼓中人代之皆男子非婦人也故俗有好女不看春好男不看燈之訓

吳俗好鬬馬弔牌喫河豚魚敬五通神王漁洋恨之謂不得上方斬馬劍誅作俑者張文端公嘗鐫圖章曰馬弔眾惡之門習者非吾子孫所藏書冊圖畫悉印之

蘇松所屬地方豪族以侈靡爭雄長宴窮水陸宇盡雕鏤其風俗多收奴僕世隸之而子孫永不得脫籍古人有贖民鬻身官斯土者可不體此意而與之更始乎

揚徐常鎮等處凡陰陽宅相望輒稱風水有礙聚眾攔喪

兩江兩廣等處凡吉凶事腳夫土工等專備絲輿喪轎高昇價貲又丐首率逢頭跣足之叫佔二三百人登門鬨索欲風移俗易非下所爲也其責尤在上哉

江右風俗多溺女近設育嬰局浙江而金華尤甚阮文達撫浙時捐廉凡貧戶生女者許報教官注册給喜銀一兩以資乳哺仍令一月後按籍稽查蓋一月後顧養情深不忍殺矣此拯嬰良法

浙江遣嫁女於納采日製婿履以女履置其中爲答取和偕之意

古人安葬以三月爲期江浙紳民竟有停柩至數十年之久一家之中積至數口之多而不葬者妄謂禍福窮通地操其券於是有力者多方謀購無力者惟事因循查律載停柩經年暴露不葬者杖八十乾隆間又定例以一年爲期至遲不過二十七月逾期再不安葬如係舉貢生監不准應鄉會試官員不准請咨選補庶民照律杖懲立法雖嚴亦不能挽回惡習

浙江杭嘉湖三府有火葬之風俗石門桐鄉二縣尤甚其發塚開棺而不燒屍者曰明葬發塚燒棺而不見屍者

曰暗葬舉先人之遺骸付於烈焰火初發則柩中嗚咽
有聲火既息則成灰燼其子孫方且延僧衆召親朋飲
讌歡呼而不傷慘者益深惑於火葬之說可以速發富
貴耳同治八年侍講學士錢寶廉具疏請禁奉　旨
通飭嚴懲聽頴者尚醒悟而頑梗者罔知悛改也
浙江嘉興府各屬多惡棍土豪遇有喪葬訛索阻埋攘取
財物彼此豆剖瓜分致令善良停柩空室中不敢營葬
　展奠見錢寶廉學士奏疏
世俗娶妻之夕親朋畢聚於新婦室中讙呼坐臥至更闌

燭跋甚者達旦不休名曰鬧房此風盛於江浙粵閩以
房中之喧寂覘婦貌之妍媸姿中者不過酣飲謔浪媸
者笑笑而已妍者百端狎戲必擾之俾達宵不遑寢處
而後快乃世俗且有兄弟亦與鬧者更可惡也

京師沙漠地居人於內室不築圊池所下糞盡傾於街市
隨風在沙漠中東簸西蕩久則大如車輪薰蒸穢臭爲
遠人言之哈哈然

上海廣州漢口津門等處風俗淫靡人情澆詐後生不宜
久寓以免薰染否則迷漁父於花叢埋蕭綱於酒庫非

成餓殍之人即成道路之鬼也

滇黔秦隴之風俗自兵燹後其子弟亦如川省結盟插血往往公戰則怯私鬬則勇遇賊則畏逢弱則欺貧者以此牟利富者以此保家甚至匪與兵仇紳與官仇久且匪與匪仇而械鬬之患起紳與紳仇而傾陷之計生目前爲祟爲毒日後愈熾愈衆當事者希圖苟安而草野布衣所私心竊慮者此耳

自漢以來十八省之風俗於琳宮梵宇莫不麗雲煥日若記洛陽之伽藍譯天竺之經典惟江浙粵楚較別省尤

甚髮酋洪秀全剿襲天主教不信神佛凡菴寺則蕩然無存此由盛而衰之機也顧天下有此衰而彼盛者則今日之隱憂又在彼而不在此矣

譜牒者所以濟宗法之窮而宗法所係恆必由之蜀隴滇黔諸省於譜牒茫然不解殊屬疏漏鄙俗兩江兩浙兩湖諸省崇仁厚聯渙散各村族皆有譜牒於祖宗源派子孫流派千百載並無淆混惟所嫌傳紀繁蕪稱引失實美加於所無褒過於所有競逐浮華趨附顯宦流弊汾陽之墓謬託令狐之門似此譜牒愈滋蒙昧雖濟宗

法之窮而實所以甚於宗法之亡也

南人惡食葱蒜北人好食葱蒜雖曰風俗由土性然也而葱蒜亦以北產爲勝直隸甘肅河南山東陝西等省無論富貴貧賤之家每飯必具最可恨者車夫與剃頭匠耳趙甌北舒城旅店題壁詩有云汗漿迸出葱蒜汁其氣臭於牛馬糞蓋亦深疾之也今以秀麗女子偶一吹氣不可嚮邇頗有西子不潔之歎

粵人重盂蘭會以蕞爾香港而論之每歲舉行費銀一萬四五千裝嚴炫麗莫與爲比楊盈川之賦所不能形容

者也雖習俗使然而以有用之金錢耗如泥沙謬亦甚
矣
粵東人性嗜青蛙出以享客爲珍味江浙賤品者始食之
搢紳家以登庖爲戒每歲四五月青蛙生發時官府出
示禁捕以其能啄蟲保禾大有益於農田也
川省風俗多結盟插血之徒所在響應甚至秀才舉人在
內執牛耳緣匪之狼戾者倚此輩爲心腹以通其聲氣
此輩之狡黠者亦藉匪爲爪牙以肆其強橫人衆則數
無可稽地廣則勢不易禁且煽惑殷實子弟合其羣而

入其黨明哲者未免如杞人魯女矣
江浙土性其人喜嗜哺退之蛋稱曰鴨餛飩朱竹垞南湖棹歌云小娘浜接鷺鷥村一帶青旗颭白門跳上岸時須認得秀州城外鴨餛飩註鴨餛飩哺退之蛋也
蘓州人喜嗜鱔魚和猪肉佐麪稱曰善鷺鷥王㳄回閶門雜咏云紅日半窗春睡起阿娘澆得善鷺鷥
紹嘉蘓松喜嗜猪頭肉稱曰俏冤家潘雅奏小樓詩云小樓簾子滚楊花要喫梅酸齲齒牙三日懨懨愁病裏堆盤怕見俏冤家註俏冤家俗謂猪頭肉也

滇南廣西人飯後必食檳榔一二枚案本草消食破積逐水除痰且能療瘴癘但泄至高之氣能墜諸物達於極下所以爲治痢之要藥如滇南廣西多瘴癘食之始相宜苟非瘴癘而嘗服豈無損正之虞乎

江右人喜嗜豆豉果然別有風味案本草解肌發表補中下氣有神功但必取江右所產而無鹽者始驗

黔人喜海椒每飯必具案此物開胃工匠食之多啖飯但性熱助火

陝甘人喜嗜西瓜以其解暑消煩止渴利水耳但性寒冷

世俗取其爽口而忘傷胃古有天生白虎湯之號亦不
敢輕用耳江皖浙閩人若過食之上嘔而下泄益稟賦
有厚薄臟腑有陰陽性情有通滯風氣有南北醫家乃
欲執一藥而理百病何可得也
粵東湖南賭風最熾往往一擲千金案粵東較湖南尤甚
有闈姓番攤白鴿票花會名目始則以罰欵而借口繼
則以抽收而成例經御史鄧承修奏請嚴禁後稍肅政
體不然傷風敗俗蠹國病民無所底止也
川省自明末張李蹂躪幾無遺子孑際　國朝重熙累

洽生息休養而士最醇良俗崇敦厚有鄒魯之風焉然咸同以來習尚華靡一履屋也畫棟雕欄一車馬也錦韉繡轂一器皿服飾也文犀玳瑁吳綾齊紈鄒魯之風遂變矣流而爲呼盧喝雉舞妓吸煙漁利健訟鑽刺賄緣鄒魯之風再變矣又流而爲結盟插血蕩檢踰閑作姦犯科扞法觸網鄒魯之風大變而特變矣揆厥所由子弟不讀書之過如果父兄嚴飭鍵戶讀書使其盈耳充腹者無非性分中之道世情中之理且心有所束身有所拘志有所定業有所恆何至成匪類傾家產而陷

刑戮耶

予友俞青源鄉曲枝辭所載粵西苗人每有變虎之異其變未久而被獵獲者其足猶帶銀釧蓋苗俗婦女以銀釧之多寡爲貧富青源初不信後因帶勇駐防懷遠與苗酋交詢之苗酋大哭云其家襲土知州自祖父以來三世而兩見矣蓋其祖母與叔皆變虎者將變時肢體發熱頭目昏眩未幾口噤不能言未幾尾尻上骨輒隆隆起又未幾眼光㶿爍身有黃毛茸茸家人環泣病者淚亦涔涔下乘夜舁諸野外次早不知所之矣天下理

所必無而事或有者此類是也按淮南子公牛哀病七日化虎述異記漢宣城太守封邵化虎食人古恆有之易曰大人虎變虎爲百獸之長而苗則犬豕之類苗而變虎可謂善變者矣以上二十則吟香書屋筆記摘錄

嶺表錄異載交趾食不乃羹不乃羹者即牛腸之垢汁椰州龍城苗距交趾不遠亦以不乃羹捹肉而食人以爲穢而彼則不啻海錯山珍也夢厂雜著所載龍城苗男子不留髭不辮髮或有髡其頂反留兩鬢及腦後者皆挽髻額上嗜淡巴菰如命雖童稚而烟管不去手女子

髻偏左以木梳啣髮際遇澄溪濯髮日三四次不憚煩也貧富以白金爲簪富者兩鬢簪十餘枝頸圈手釧亦如其簪之數衣短於腰裙齊於膝冬夏皆跣足故五官雖嫵媚一視其足即登徒子亦頹然氣索矣坐臥藉草於地無几榻食無箸探以手或十家百家爲一寨每寨設鼓亭有事則擊鼓聚衆籌商椎牛剖分其肉而生啖之夫婦配合必以歌聚男女數百人更唱迭和不知何詞翕然而合則相携於深山窮谷成匹偶散後夫自歸矦女與他人合而生子然後娶爲婦否則不齒於人類

案桂林象郡秦時已入版圖二千餘年以來滄桑且更而獨此汚風惡習何以無移易者

廣西有獞人與猺雜處風俗略同冬編鵝毛雜木葉爲衣搏飯掬水而食居室緝茅而不塗上簟以板男婦棲止下畜牛羊犬豕謂之麻欄子大娶婦別欄易爨女及笄春時三五爲伴于山椒水湄歌唱爲樂少男羣歌和之竟日視女歌意所答而二人留彼此相贈遺男遺女以扁擔一條盖婦人女子力作所必需也女贈郎以綉囊錦帶諸物女所自製者約爲夫婦各告其夫母乃倩媒

以檳榔定之婚之日迎親送女絡繹於道歌聲振林木女至夫家合巹丈夫用拳擊女背者三女乃用所贈扁擔即汲水至甕中旋回母家不與丈夫相見另招男子曰野郎即與父母同居覺有妊乃密告其夫作欄遂棄野郎而歸夫家偕老焉從此遂與野郎絕當其與野郎共室也本夫至家反以姦論及其子歸夫家也野郎至亦以姦論

粤西泗太南鎮諸府土人多蓄蠱行客中之多死者泗城山中産避蠱木其色黑製以爲筯凡飲食有毒皆可避

土人又有蠱箭能射人觸之尤劇身佩金玉則不能近
此皆物理相尅人不可解者也見餘墨偶談
松潘龍安茂州皆番羌雜處其地無水田男婦耕作種春
秋二蕎交易少銀錢用牛馬布以木尅爲信木尅之制
削圓木大如巨擘長二寸許兩相允諾刻爻字形如漢
人之有契劵也各分其一合之家無祖堂立石插小旛
爲之家神有事誓焉婚禮重財幣男家以馬牛三腳大
鍋爲聘三腳者番民架鍋之竈也交拜合巹禮男子衣
冠如漢人女子剃頭留細辮近有卷髮如漢粧者死喪

無孝服不用棺椁置尸於龕焚而埋焉地方官示諭火葬之弊漸息疾病不醫藥或用艾灸或卜祈神冬至宰猪羊作蒸餅具酒餚相酬飲謂過大年地不產木棉衣氊子辪麻爲布極厚無文字點畫隨其天籟

布拉克底部落毗連崇化巴旺部落毗連章谷兩處男婦服飾猶與金川相同所異者未嫁之女不穿裙袴上衣極短窄復用麻線粗細如錢串千百條長僅尺許束腰際垂掩前陰如簾箔以獸革裹護尻後自股髀以下竟赤露無纖縷矣風吹日暴色皆類炙脯嚴冬亦如之貧

富皆然乍見令人驚詫此與躶形國何異土人云處女恥言裙必嫁後始得衣裙見金川瑣記該處距灌縣數百里其彰身制度何詭異乃爾必如甯遠酉陽改土歸流始能移風易俗

皇朝瑣屑錄卷三十八終

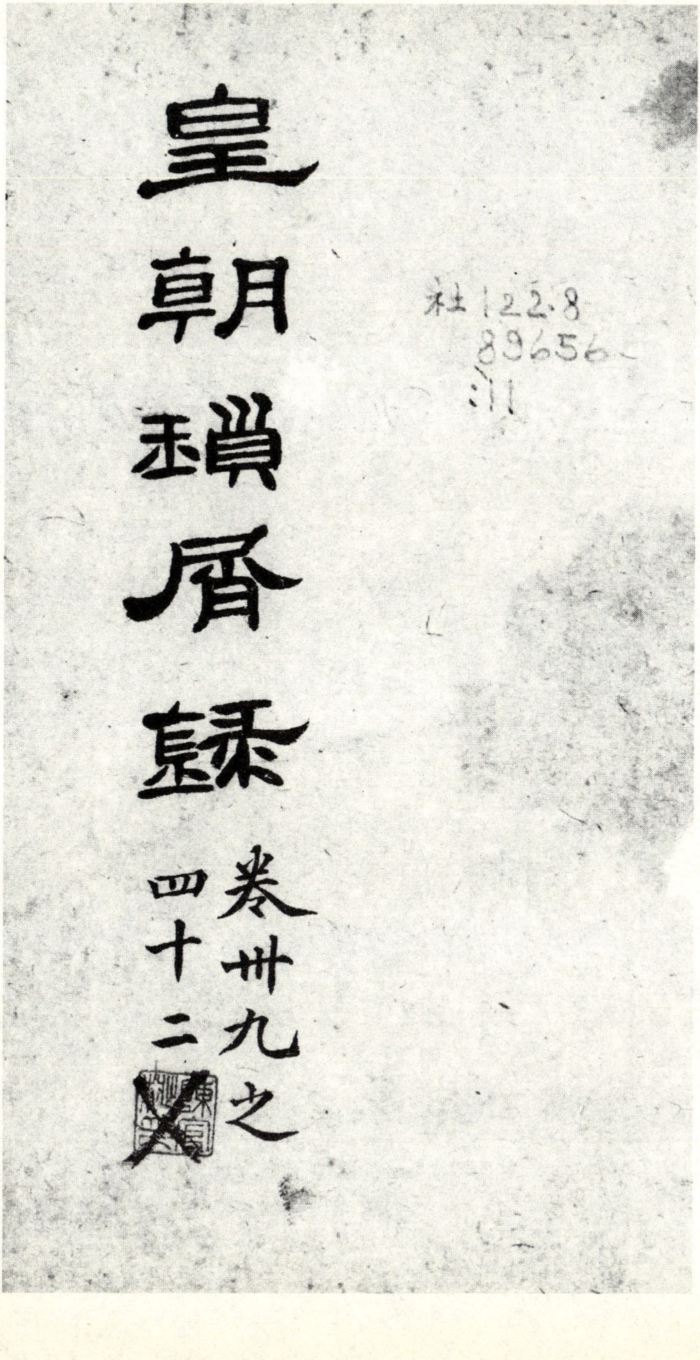
皇朝輯曆錄
卷卅九之四十二
社 122.8
89656

皇朝瑣屑錄卷三十九

嘉州 鍾 琦 泊農

祥異五十三則

國朝天命元年七月 太祖遣安費揚古扈爾漢兩大臣率兵二千征東海薩哈連部行至烏勒簡河刳舟二百水陸並進取沿河南北三十六寨八月駐營黑龍江南岸江水常以九月始冰是日衆見他處未冰獨我營近地距對岸二里許結冰如橋約廣六十步皆以爲異安費揚古扈爾漢曰此天佑我國也遂引兵以渡取

薩哈連部十一寨及師還舊所過冰橋已解其西隅復如前結冰一道我兵旣渡冰盡解此其所以爲祥爲異即此可驗天與之民歸之也後至九月仍應時而冰遂又招服音達琿塔庫喇喇路按方畧即使犬諾囉路錫喇忻路見安費揚古扈爾漢二臣傳

一統志前明天崇間江浙秦蜀居民於申酉時見東北隅紫氣曜彩亦光沖霄遠望如有火警始而驚愕久而習以爲常不足怪也云云案我　朝受命於天削平諸國斯時遙踞僻壤咸沐　帝澤之涵濡故丹霞縟綵

於東北而絳氣炳映於西南矣前明諸臣猶復貢諛獻媚紛紛具疏有陳嘉祥談瑞應者諺云張冠李戴大率類此吟香書屋筆記摘錄

池北偶談順治乙未冬夜天上有赤字如火其文曰白苕代靖否伏議朝治馳移時始散沂莒間皆見之按南窗記談龐莊敏公帥延安夜見天象成文云龐籍十年後作相當以仁佐天下凡十三字久之方滅此籍一人所見也其事與此相類

康熙十八年四月上海縣新場方姓其豬產象即死

東華錄俄羅斯踞雅克薩城康熙二十四年正月

上命都統彭春率師征之悉如　睿算克復故土王
大臣奏　上諭云前闕保所奏四月二十八日我兵
水陸進發先期雷雨大作至廿六日江水泛溢又風逆
舟不得前及廿七日天晴水落廿八日忽轉順風遂溯
流直上三日之程一朝而至陸路之馬兵雖疾行不及
也又駐劄愛琿軍士適當糧食匱乏忽有鹿數萬自山
趨下騎者馳射步者梃擊計獲者五千餘隻王師以資
飽騰甫得克集茂勳云云良由　仁政上合　天心故
顯垂鑒佑於此可卜　國祚綿永之吉兆矣

康熙三十六年　聖祖親征厄魯特噶爾丹時凡所過童山沙磧不生草木之區至是淺草蒙茸六軍游牧如內地偶乏泉水　上相地疏鑿甘泉溢涌會飲馬川西忽得明成祖勒銘紀功之石於水厓濯而視之中有永清沙漠語　上曰眞永清矣是舉果掃穴犂庭威震域外蓋　萬乘親臨百神環衛　國初聲教所被固宜保塞稱藩者享王恐後矣

雍正二年九月松江府署右營游擊盛天福浦江巡緝見漁人何生網得玉璽一顆即賫送江南提督高其位於

十月二十六日進呈奉　旨賞給盛天福銀一百兩
段二端何生銀二百兩
雍正三年二月日月合璧五星聯珠四年十二月自陝州
至徐邳淮黃河清二千餘里數旬不改見東華錄
國朝雍正間各省所報麥秀兩岐者最多　憲皇帝不以
爲靈異案宋史乾德四年澶州濮陽縣麥秀兩岐至五
六岐神宗時深州麥秀兩岐者四十畝徽宗時蔡州麥
一莖兩岐至七八岐推原其故或地力有餘或土氣偏
厚皆足以致之

國子監彝倫堂西舊有古槐一本爲元臣許衡手植閱五
百餘年雨蝕霜侵久成枯幹乾隆辛未恭遇 憲
皇后六旬萬壽靈物效祉枯朽發祥振葉鼓柯踰歲益
茂蓋 聖孝之格被神矣當時詞臣文士咸有賦頌

京師西山潭柘寺唐曰嘉福元曰龍泉明曰萬壽 本朝
曰岫雲以山頂有龍潭又有大柘樹故稱潭柘也柘久
枯落入門而右有銀杏一株大合抱 聖祖臨幸
寺中樹發孫枝一 高宗再幸又發孫枝一見石
琢堂西山游記

江自灌縣都江堰分流由崇甯新繁至金堂趙家渡滙綿洛諸水同入金堂峽書東别爲沱沱即金堂峽也乾隆甲子夏雨如懸瀑平地水湧二丈有奇居民夜見有物堵塞峽口似巨燭插水中然光映山谷水無泄洩以致渺瀰盪潰淹没趙家渡人畜無算越五日忽雲霾風暴響若山崩雷聲殷殷雨雹大如梨所在樹木倒折千百株燭光尋滅積水建瓴而下疑水怪被雷擊也

乾隆五十九年庚子夏五月上海縣八字橋曹生官妻沈氏一孕九子未彌月形具而俱不育

嘉慶甲戌春婺源縣遍地生毛黑黃蒼赤不一其種夏大旱沿海飢民搶擄凶燄甚熾

嘉慶十六年辛未春　天子方舉巡狩之典而有星孛紫微垣占主兵越二年則有八卦教之變八卦教者聚衆歛財愚民苦官吏爭從之而河南滑縣李文成直隸大興林清爲之首指星象應在十八年秋九月十五日午時文成黨最盛而清則竊遁京邑内通太監外倚文成爲應援將乘　駕幸木蘭秋獮回鑾時伏莽行在謀定而中外莫知也滑縣知縣强克捷聞捕文成下獄

斷其腳脛賊黨不俟期於九月七日破滑縣放出文成
強克捷死之諸賊因倉皇遂未應援林清及期時使黨
二百人潛入內城日晡分犯東華西華門以白巾爲號
太監劉金等引其東髙廣福等引其西閻進喜等爲內
應而清自居黃村伺覘河南賊集而後進時東華門前
入數賊卽爲護軍闔門格拒奔散其入西華門者八十
餘賊反闔以拒官兵賊得太監鄉道欲奔大內幸侍衛
急閉隆宗門賊攀垣立於牆頭　皇次子發鳥槍殪
之再發再殪貝勒綿志亦殪一賊時禁兵自神武門入

衛值昏黑忽驚雷砊磕狂電熤爚震死數賊於御河餘
股栗竄匿先後就擒案九月雷電收歛大內有警而雷震震電耀耀轟死數賊於御河神
威靈所以為祥也中外臣工泄泄沓沓釀成漢唐宋元明以來未有之禍所以為異也故附入祥異類并
獲通賊諸太監十六日飛報　行在初　上行秋
獮至伊瑪圖將近哨忽山潦洶湧滂湃遂旋蹕　命
皇次子先歸故靖內難及得警報則　駕已至白
澗時連日大風揚沙震戶撼牖晝則雲霧濛濛夜則訛
言紛紛十七日擒獲林清十九日　駕還宮人心始
定焉　上御瀛臺親訊首逆及通賊太監皆磔之是役

也誅太監七百有餘前後共殲賊二萬有餘自起事首
尾五閱月騷動四省兵民亦死五千有餘株連蔓引者
尤衆以功封　皇次子智親王貝勒綿志郡王諸大臣
賞黜有差時總督溫承惠巡撫高杞同興等一味欺朦
百般粉飾甚至同興聞報踰旬而不發兵
十月大軍復定陶金鄉十一月李文成自焚死十二月
滑縣平以強克捷首發逆謀　賜謚忠烈世襲輕車
都尉案韱輔靖賊記強克捷訪實反形密封白巡撫高
杞請兵早除之杞不應及楊遇春欲扼賊咽喉杞又不
可苟免目前貽禍日後始則節財而縱盜繼則大剿而
殃民也髮逆捻匪滇回黔苗之猖獗大吏亦如高杞滙

泄沓沓隱匿賊情不肯據實輕奏遂成極重難返之勢
潰決不治之憂矣
道光壬午夏燕魯晉豫霪雨五十日村農乘船升屋爲炊
婦稚棲遲山嶺間而河南固始嘗發蛟近山居民凡屋
廬鷄犬老弱漂歿殆盡蓋水既夜至洶湧滂潰勢無所
防命無所逃也葉某家有竹園罣浮屍四百餘人施棺
木瘞之後於泥淤中所得財物償三四倍浩濤橫波其
屍蔽流而下日夕以千百計時河南撫臣櫚諸路水荒
固始尤甚飛檄光州牧飭親履勘爲卹民策邑令某希

圖收漕恐其豁免無所得陋規僅擇最高阜岡雖遭霪雨實不被蛟患者導牧麤歷一二處且先密飭約保馳喻父老有以水患籲呼牧者刑無赦遂勘不成災流離哀啼飛鳩遍野下情不能上達殊可誅也見王懺生鐸廊璅記其後丙辰懺生官西昌有惠政過嘉晤談予問及尚詈罵之且言某令之婦子後為賊所擄云

道光二年壬午秋九月己丑夜二鼓粵東省垣西關有火警而風始於餅肆夜中踰打銅街庚寅晨及十三行目晡及杉木欄是日風甚夜愈甚翼日辛卯食時風息火

燈凡燬七十餘街房舍萬餘間廣一里縱七之焚死者數十人踩而死於達觀橋者二十七人烈焰之災百歲翁歎爲未有按粤東是時番船漸通販客獲利酒海肉林褕衣珍食天殆怒其妖邪使海市蜃樓盡付於秦炬垂戒不可謂不嚴無如醉夢中人頑不知惕以致逆氛祆教漸染東南閩數十年而未能澌滌可哀也已按國初乾隆而後淮綱日盛揚商奢靡致有三十五年十二月儀徵鹽船之燼及粤寇之亂受禍最深牢盆至今衰落近日粤東其奢靡亦如揚商家陶白而户程羅盛

極必衰豈果無閉闕絕市之日與
道光庚寅閏四月二十有二日戌刻直隸磁州有聲似雷吼從東南來莫測其自天自地如人在鼓中逢逢四起方駭愕間有若千軍洶湧萬馬奔騰而地皆震蕩矣人咸恐後爭先扶老携幼走避空曠之區亦如駕輕舟涉大海而遇颶風簸揚浮沉頃刻屋宇傾頹磚瓦雨下木石飄舞灰塵蔽空惟聞男嚎女啼呼父母喚妻孥之聲與夫牛馬驚嘶雞犬叫號喧嘩嘈雜莫辨誰何夜半稍息復哀聲四起相傳覆屋之內頹垣之下裂首破腹折

骨殘肢者比比皆是故內外呼搶遐邇悲慟也黎明覩
城郭寺廟及官私房舍無一存者地多坼裂方圓長闊
尋丈不等有軟如棉者有浮如沙者有湧黑水泛濫於
道者橋梁盡折塋墓皆平村庄路徑不復分認二十三
日戌刻地復震人皆野處依樹爲棲樹拔則人物僉滾
男女互撞衣裳顛倒踈戚溷淆其人悽悽慼慼惛惛懞
懞無復人寰氣象矣旬月後猶或時動時止幸　恩綸
疊沛飭地方官恤死賑生而羣黎於是乎始定案河南
陝西山東山西等省亦同時地震惟磁州尤甚共壓斃

一萬七千三百人

道光十六年正月邸抄廣西省蝗蝻發生巡撫率各官詣劉猛將軍廟祈禱當起暴風蝗蝻抱竹銜草自行殭斃奏請　欽頒匾額以答靈貺是年陝西各屬生蝗蝻大憲設位祈禱亦有飛鳥啄食殆盡之異嗣奉　上諭通飭直省建祠春秋祭告等因在案畿輔通志雍正二年總督李維鈞以劉猛將軍靈蹟顯著奏請所在官司以仲春仲秋戊日祭之可見祀劉猛將軍其來久也

道光十八年戊戌浙江龍邱湖鎮村有郭姓者事贅母孝順因其妻嘗忤姑訓之弗聽每起居飲食郭皆親檢點

因急事赴郡語其妻曰予往還須三日老人非肉不飽予已買置廚下天且暑用鹽醃之可供三日餐妻諾之陰以糞爲糟置肉其中每餐蒸以食姑越日郭歸母方食詢肉變味否母曰肉何自來糞穢觸鼻亦勉强食之耳郭取一臠而嘔因詈其妻妻反肆詬誶且語侵其姑忽雷聲殷殷而雷光燚炎熛爓於室中妻似有所覺急趨後圃取大甕覆其頭俄頃霹靂一聲甕底穿穴頭出於外環其頸若荷校然宛轉哀號母憐之欲破甕以出郭曰此天之譴讁婦也違天不吉越日而斃友人俞青源

曾目覩

道光十九年夏大旱峩眉縣某令用長繩縋眞虎骨於龍門洞而擾之則澍雨立沛東坡詩中亦載之案世間動物雖至神靈必有所嗜欲與所畏忌此天地予人以制物之柄也

道光辛丑六月大雨三晝夜江河泛溢淼茫灌縣尤甚雷聲訇訇不絕隨蛟下游鄉人多見蛟長一丈有奇似牛無角鬣赭色背青斑色牙出脣外水流至嘉定入城過四尺漂没張公橋聲如峽坼衝塌田廬溺斃人畜無算

據耆老言是歲之潦災七十年未見云蛟龍往往化爲牛形水經注青牛淵耆老云有潛龍出於慈浦形類青牛明史稿五行志云萬曆十九年六月己未公安大水有巨蛇如牛首黑身長二丈餘所至堤潰是其證也

道光戊申夏有虎夜入嘉定城蹲踞白水街某宅中其聲嘮嘮然某踉蹌走糾合營弁鐍其門登瓦上屋穿穴而覷見虎昂首坐以大竹直插其口虎嚙竹如蔗隨施鎗彈中其脅大吼震山岳移時而斃邵蓮溪太守懸於杉木杪以示人狀如猫大如牛黃質黑章鋸牙鉤爪夜然燈以灼之觀者如市

道光三十年夏五月杭州火藥局夜間爲雷火所移不遺一瓦一椽即柱礎無存者見邸鈔因近世用兵專恃火器爲禍烈矣天故取之以示警耳不然何必茲其局移去耶

咸豐元年辛亥五月十六日未刻雲色黲黲雷聲䨻䨻自天墜一石於滎昌縣東北三十里昌陽壩田內其水躍起丈餘突有青煙冉冉而去居民竭水掘石色青黑狀如犬首堅如銕重九斤有奇

咸豐辛亥夏申江城中民家灶下湧出血水高一尺餘觀

者如堵牆

咸豐辛亥閏八月八日卯刻地震有聲自西北來同時甯遠府注雨如綆疾風拔木忽江河溢湧淜濞濆瀑地勢簸跳聲如天崩地坼傾塌城堡廬舍壓斃人畜十之九間有不死者非破顱斷臂即毀面跛足而地猶常摇逾一月始定先有童謡曰牛鳴地震知府牛樹梅知縣鳴謙蒞任後果符童謡云官吏無噍類惟牛無恙其後歷官廉訪又有翻麥生醉覆宇下爲土所掩掘土出之方化蝶未返生與牛殆有鬼神呵護也

咸豐二年五月予游宜賓王春丞大令留宿縣署晨睡方覺見前後窻紙皆血色大驚以爲火警而又寂無人聲亟起出戶見滿天如赭似霞非霞似虹非虹下射大地杲杲然時值久陰光退則依然溼雲黑氣如窰煙也積陰生陽故有海燒之異天燒亦此理歟

咸豐二年七月十日午後兩日並見假日色淡相距二三尺徐徐入眞日中如兩鏡相摩其光閃灼不定倏離倏合者三然後假日漸退而消予同張丹崖師尹松溪參軍皆見之

咸豐三年五月寶山上海等處地出血土生毛

咸豐乙卯六月七日雨雹大如卵暴風拔木居民几案多仆犍爲縣吹落城堞

咸豐九年己未上海縣夏五月大霧六月四日夜有雪寒如冬令時西洋人在城鄉掠人至秋七月始止先是甯波人用術拐騙販賣既而徧地捉丁男人情震驚道憲吳煦爲照會各國領事詭云不知七月湖有暹羅水手至邑廟羣逐之有二人死於河北門外亦有伏臨尋仇者始據法蘭西稱呂宋國人掠去開金山淘金沙其舟未行可索歸四日放還華民一百五十六名每名索去貲價五十洋

咸豐庚申八月初三日戊刻有赤氣出北方俄而中分碧

白光百道閃爍交互移時漸變如火色經天照耀達曙
始收
咸豐辛酉四月十六日滇匪圍嘉城時彗星見斗牛間尾
長三丈有奇至二十九日始滅占者曰此蚩尤旗也
咸豐十一年八月初一日今山西巡撫威毅伯曾公國荃
克復安慶欽天監奏是日四星聯珠日月合璧見曾文
正公集沅圃弟四十一初度詩注按文正公兄弟收湖
湘之猛士膺曾衛之崇封由皖省直搗金陵剗除僭號
鉅寇固宜克復安慶之日三光現瑞百神效靈也

同治壬戌川省斑竹盡蔚癸亥竹盡萎越五歲竹乃復苞

同治三年甲子樂山鹽溪口王壽喬茂才贈予槐樹結實形如優人所演關公偃月刀柄長四尺是年榮昌縣永興場桐樹結實亦如之

同治乙丑六月初八日亥刻皓月當頭忽震聲發西北大雨雹殷雷輷磕狂電滛裔而震聲坼裂聲崩梁摧壁聲折樹聲水聲風聲雞鳴犬吠聲人號哭聲呼急救聲千百齊發遠近如沸逾時始定次日見嘉定府署臺榭亦傾塌

同治丙寅三月二日粵東有大星如斗其次者巨猶如椀隨有小星萬千從東南隕於西北聲如雷轟逾刻始靖黎明衆多有聞聲起者城鄉內外萬目共覩咸嘖嘖稱異焉案星隕如雨載於春秋說者以爲即佛生之歲固附會可笑而星隕之理究未有明言其底蘊雖歐洲人擬其體察其質亦屬恍惚而侘傺未定者也

何小删署甘肅西和縣言縣城外有山高數十仞同治戊辰夏山忽移走日行六七尺兩月後離舊跡五里許所謂氣躍而起必有爲之兆者

同治辛未三月嶶郡大風拔木傷人損畜無算最奇者有新娶家鼓樂喧闐舁綵輿迓婦至途狂飇倏起從人皆仆地見綵輿蓋已飛入空中盤旋不定久之杳然莫覩須臾綵輿亦漸升冉冉而入雲霄衆亦無可如何風稍息從人急報娶家遣丁往覓莫得蹤跡逾日新婦方返里蓋離家已百里所墜之村爲吳姓亦仕族也新婦珠冠袨服依然如故鄉人咸來聚觀爰即買舟送歸云

同治辛未五月十二日自嘉興至青浦俱遭大風兼以氷雹突至小者如椀大者如鉢禾稼牲畜樹木屋廬無不

損壞其時黑雲如墨幾於晝晦嘉興有兩農人方在田間爲風吹去竟無蹤跡亦罕事也以上二則見龔牖餘談於是説者謂人事變於下則天象變於上修省恐懼可以轉災沴爲休祥齊景悔過彗星退舍高宗修德雊雉無聲前事之效亦後事之師也

同治十年夏秋大水直隸順天保定河間天津境内有成爲澤國者自保定至京師須用舟楫乃數百年罕見之災

同治壬申夏六月合州山雨滂湃羣蛟齊發江陵江暴漲

四丈有奇圩岸衝決廬舍漂沒自合州至渝涪忠夔陸
地無復存者低窪田畝半爲沮洳之場人民聚山巔劚
樹皮石屑充飢

同治癸酉六月十七日昏黑如墨大風雨瓦屋皆震水溢
涌二丈彭山縣江口對岸大山有聲若千雷萬霆忽陷
下同時省城亦崩坍七十丈有奇

同治甲戌三月二十五日有白氣二圈在日中如連環然
四圍黑雲迷漫類突中烟濃郁堆積無璀璨陸離之象
黑雲外之雲若金若黛若黝若赭周迴旋繞至辰至午

始滅以暈而非暈記之以備稽考

光緒丁丑山西荒旱異常被災州縣有六十餘處之多飢民有三四百萬之衆草根既盡石屑爲糧羅掘已窮人皆相食甚有父母明知不能併保實告其子以早死其子明知不得免哀求父母俟其睡熟再行下手者此等情形目擊故爲傷心即耳聞亦應墮淚矣

光緒己卯十月初三日辰刻三日並見眞日有黝色閃如沸波移時假日始退

光緒辛巳六月二十一日揚州所屬通泰等處風潮突來

湨湧如山平地水深二丈鹽竈盡遭淹沒人民漂溺一萬二千餘幸獲免者亦殘喘僅存江陰常熟同時被災其蕩析流離之慘亦復一轍有朝爲富翁而暮爲窶人昨日歡聚今日飄零者由是觀之人之營營於天壤間非人爲之實天爲之雖有金穴銅山頃刻可以消亡又何取乎多藏厚積爲也

光緒辛巳五月二十六七八日彗星叠見東北其光直射紫微垣　深宮惕厲飭大小臣工修德省愆然泰西人考驗彖緯躔度所言彗星亦星類周天中有無數彗星

或數年而一見或百十年而一見以天與日與星經行之度計之某年某年之彗星可以斷爲即前某年之彗星今年之彗星並知其爲某年再見之彗星據此則天象有常而人事無定誠無係乎休咎矣又一說凡星亦球也自地球望之則爲星苟能自星望地球則地球亦星也星之有光亦借日光而然無論日月星地每球内之所以運行旋轉皆有吸力攝之此吸力即電氣也星之光騰尋丈形如帚尾者乃吸力不足而電氣散出故成彗星然則星球地球各不相涉彼自吸力不足而現是形

地球上之人事何自而應之乎案春秋災異公穀謂天心示警即董子天人三策焦氏易林京房易傳漢書五行志莫不以天象之變關繫於時政之得失而絕無偶然見露者泰西人所言則甚荒唐而不中聽矣

光緒丙申五月十二日酉刻震風薄怒驚川聒谷井研分水嶺所下冰雹如拳如盤五六十里田禾糠穢房舍倒塌其雹每顆內有雀毛在蚩氓每以爲神物而儒者則以爲虛渺要之皆非也一說天有罡風凡鳥爲風所引漸飛漸高倘遇罡風其羽化成游絲悠揚虛空因雨水

卷舒而爲團或分水嶺之氷雹亦此種游絲歟又一說凡物爲地氣所吸引至雲霄中因寒氣凝結而爲冰雹誠如是則古有雨金雨錢雨粟雨豆雨土雨草雨綿雨灰雨刀雨鋏雨羽毛雨硃砂亦由地氣所吸耳據所說近理

光緒二十二年丙申秋忠酉藝綏等處霪雨滂湃二十日溪水激瀨駿奔以致江河渺瀰漭漫禾稼穮穮槩變爲穮穮次年丁酉夏米價翔貴旅店椀飯售錢五十二文餓殍盈於道路燐骨遍於郊原施棺者始而每人一具

繼而兩人共一具後因死亡纍纍以一竹簟裹二三人甚至有裹四五人者幸鹿制軍遇災必禱遇飢必賑或平價以疏糴糶也或發粟以拯窮黎也或勸捐以通貧富也或施粥以惠流離也不然塡於溝壑少一老幼朝廷即少一赤子聚於萑苻多一壯健城鄉即多一黃巾似此臞鶴哀鴻不獨可憐亦可慮耳

光緒廿三年丁酉五月端節夜樂山縣較場壩居民被火鬱燿煤燀煙有赤壁鏖兵之勢且爁爆不絕至初六日未時始熸滅共燬焦八街焚燬一千七百餘家案樂山

回祿未有如此之載燔熾烈者瘡痍甫平焱炎繼甚良由下民多孽上天降災所以熛至風起風愈暴而熛愈怒也此番有火過而未蔓延者復被風助其灼熿故成灰燼以上三十五則吟香書屋筆記摘錄

皇朝瑣屑錄卷三十九終

皇朝瑣屑錄卷四十

嘉州　鍾琦　泊農

物產一百則

聖祖御製幾暇格物編豐澤園中有水田數道布玉田穀種歲至九月始刈穫登場一日循行阡陌時方六月下旬穀穗方穎忽見一科高出衆稻之上實已堅好因收藏其種待來年驗其成熟之早否明歲六月時此種果先熟從此生生不已四十餘年以來內膳所進皆此米也其米色微紅而粒長氣香而味腴以其生自苑田故

名御稻米一歲兩種亦能成兩熟口外種稻至白露以後數天不能成熟惟此種可以白露前收割故山莊稻田所收每歲避暑用之尚有贏餘曾頒給其種與江浙督撫織造令民間種此米惜未廣也

沙蓬米京師有之鄂爾多斯所產尤廣枝葉叢生如蓬米似胡麻而小作爲粥滑膩可食或爲米可充餅餌茶湯之需向來食者少自 聖祖用之知其益人今取之者衆矣

聖祖御製幾暇格物編康熙間烏喇地方樹孔中忽生

白粟一科土人以其種播穫生生不已遂盈畝頃味旣甘美性復柔和有以此粟來獻者命布植於山庄之內莖幹葉穗較他種倍大熟亦先時作爲糕餌潔白似糯稻而細膩香滑過之

天聰七年 上以書責朝鮮負義州互市之約停我段布減我葠價云云案原議葠每兩價銀十六兩朝鮮秖給九兩見 太宗實錄 國初葠價之賤如此當時氣鍾山河地產殷阜近年每兩售銀四十反不及當時之豐肥充實

定例凡採捕有三曰採珠設珠軒共八十八人每珠軒以得東珠十有六顆爲率重自一分至十分爲度每歲合計所入之數徃者或以一當五當四當三當二當一尋常者仍以一當一分爲五等不及等者不入正數內曰捕貂索倫壯丁每歲捕一貂冬季選貢鄂倫椿食糧壯丁如之其不食糧者每名亦歲捕一貂三等以上給直不及等者不給直曰採參戶部委官攜信票出口招商給票入山開採每票以納參十有三兩爲則每歲所採以給票之多寡爲盈縮按本草綱目人參四月發芽五月開花白如韭六月結子

如小豆而連環色正紅久之則黃而扁初生一椏四五年兩椏十年後三椏年久者四椏每椏五葉葉若芙蓉一莖直上高者數尺低者尺餘古稱上黨最良遼東次之高麗百濟又次之今上黨百濟皆枯白無味價亦賤惟遼東所產服之固氣血故翔貴又柳邊紀畧云走山刨參率五人爲伍中推一人爲長陸行乘馬水行駕舟沿松花江至諾尼江口登岸覆舟山谷間剝木皮爲窠棚日暮歸各出所得爲長者洗剔而煮之惟康熙二十二年得人形一枝重二十二兩進于內府

吳兆騫甯古塔記甯古塔西行百里曰沙嶺有金時上京故城東三里覺羅村即 國朝發祥之所產人參多而且賤然在本地服之不效兆騫初至戍時煎參半斤服之反泄利牛曰惟江水自長白山流出號人參水冬月

飲冷不傷脾故遷客至此從無不服水土且羸弱皆健
案李士材本草通元人參少用則壅滯多用則宣通矣
服半斤而泄利者是也
烏臘草每年上貢按烏臘草近水而生長細温軟薦履行
氷雪中足不知寒與貂參均號甯古塔三寶
黑龍江貢鶻鵰豬鱸海青一統志海青小而健能擒天鵝
艾渾黑龍江所屬貢歐李子味酸澀又貢花水色赤望之如豆
離枝十餘日輒化爲水同蜜爲膏內務府派員收進
御又貢老鎗菜味如安肅冬菘

烏蘭海產貂不如俄羅斯貢貂穴土食松子夏毨音分毛落也而冬毨音蒲毛更生整理也及其毨取之舊傳人裸臥雪中貂就而溫之人因撲而殺之其說妄也

黑龍江老羌穀穗長尺許色如稻龍沙紀畧云實如栟櫚子取粒作粥香美

烏拉產草荔枝叢生朱顆味甘似葡盤果　聖祖命移植避暑山莊錫以今名

熱河產煙本名淡巴菰盛京煙味尤厚崇德六年二月

上諭喫煙之禁此後不在科條於是由呂宋琉球而

閩廣由閩廣而蜀隴滇黔也
于闐產芸輝草其色如玉入土不朽唐書元載以芸輝草
塗壁號芸輝堂
葉爾羌其地所屬密爾岱山產玉色黝質靑嘉慶四年獲
大玉三靑者重萬斤葱白者八千斤有奇白者三千斤
有奇邊臣侈其祥以聞　上以沙磧輦運勞人急罷之
至今巍然存哈喇沙產玉之區以和闐爲最葉爾羌爲
次定制春秋採夏冬封禁
三姓產貂鼠（按三姓爲吉林所屬其地毗連俄羅斯）　皇朝通志云此物行地

中遇陽氣則死骨色白潤類象齒土人以製椀盂梳篦梵名麻門鼉窪康熙五十五年　上諭淵鑑類函所載鼷鼠有重至萬斤者今亦有之其身如象其牙亦似象牙但稍黃耳又神異經云北方層冰厚百丈有鼷鼠在冰下土中形如鼠食草木重數千斤毛八尺深為褥臥之御寒其皮蒙鼓聞千里其毛所在鼠輒聚焉

哈密有天山產四味木其實如棗以竹刀取之則甘鐵刀取之則苦木刀取之則酸蘆刀取之則辛見職方外史

金川有夜光木日間與尋常朽株無異夜有光瑩綠如螢

火見金川瑣記

綏靖屯治東一百一十里俗稱萬里城積雪袤丈雖三伏日山徑常封中有雪魚其大如臂想亦雪蝦蟇之類

裡塘百里名河口有重口魚以燕為信燕來則來燕去亦去所謂重口者兩口相銜如呂字

定海直隸廳產松露生大松下圓白如菌清脆似筍又產麒麟菜形如鹿角

朝鮮產黃漆樹似櫻六月取汁漆物如金

琉球志產海膽其形渾沌通體生刺如蝟無頭尾面目蠕

蠕能還旁有小穴或其口也或刺參之別種土人剝皮取肉供饌味如蝦蟳

橘之產不一而化之橘紅獨著化之橘紅亦不一而老樹蘇澤堂之產爲尤著去痰稱聖藥焉豈非以石龍之故哉龍曳尾江中注首於龍井老樹蘇澤堂者適當其腹精華所萃非偶然也今老樹已枯距老根之二尺許復產一樹結子纍纍洵哉龍之發而爲續者也物之靈類有神焉

徐松巢詩天臺採藥客此地菜留名流水年年恨春風處

處生詠劉郎菜也別處不産惟郁陽縣有之
貴州陰山産竹笙色白味鮮脆菌芬頭頗有禪味
菽豆之總名也種類多多世常食者黄豆紅豆綠豆黑豆
青豆水豆江豆菜豆穭豆蠶豆豌豆豇豆飯豆刀豆九
月豆四季豆而已按此外有葛豆穞豆鹿豆蘡豆䴏豆
登豆畱豆御豆場豆秬豆刺豆鵲豆蹽豆黎豆鶯豆虎
豆月豆而曹縣産金豆玉豆管豆扒山豆上海縣産僧
衣豆砂仁豆紫香圓豆牛踏扁豆鉅野縣産眉豆宛平
縣産羊角豆香河縣産猪食豆羅裙帶豆密縣産山黧

豆霑化縣產茶豆陽穀縣產蠶豆梅豆黃縣產纏絲豆紫羅帶豆福山縣產兔腳豆雀卵豆臨晉縣產沿籬豆平陸縣產龍眼羊眼龍爪虎爪諸豆絳州產人面豆祥符縣產花豆銅皮豆鄢陵縣產鷄虱豆天鵝蛋豆延津縣產白眼豆紫眼豆苦馬豆葉縣產瑪瑙豆遂平縣產紅米豆猪腦豆六合縣產香珠豆佛手豆貴池縣產魴魮豆吳縣產緇豆崑山縣產中秋豆雁來紅豆至於嘉定縣產豆尤佳而大黑豆爲之魁他邑爭購作種丹徒縣產雁來青豆雁來枯豆瑞安縣產雲豆珍珠豆苜蓿

豆寗州產錢豆米豆東鄉縣產泥豆瀘溪縣產沉香豆羊鬚豆蒲圻縣產道人冠豆甯鄉縣產懶人豆邵陽縣產烏豆椋豆硃砂豆永明縣產雲豆建甯縣產田豆岡豆尚有泉州府之春豆廣西府之南豆架豆靴豆德安府之一朵雲豆甘肅產那合豆郎回回豆也種種不能盡述皆可以充蔬代穀以粒烝民者

南海有蟲無骨在水則活失水則醉如一塊泥因名泥人醉則肢體軟如泥蟲然故曰泥不知者以爲泥水之泥謬矣

萊州府志產石距似墨魚而大腹圓如蜘蛛味如鰒魚曰
華子云烏鰂之别種名八帶魚
漳州府產毛魚以細小得名外視似腐而味耐咀嚼風味
不減糟鰣按毛魚琉球甚多較漳州尤良見李鼎元師
竹齋集
寶山縣志產紅蓮稻稃白粒大晚種晚熟陸龜蒙詩近炊
香稻識紅蓮指此又產箭子稻粒長色白甘香秔米中
上品
松江府產蟚蜞細如豆春初化生隨潮羣集水灘味鮮美

又產望潮郎同虱蠏生水岸潮至前羣出穴口故名
雪蕉館紀談明昇在重慶取涪州青蠊石爲茶磨令宮人以武隆雪錦茶碾之取大足縣海棠花焙茶尤妙謂海棠無香獨大足有香耳案嘉州海棠亦有香故稱海棠香國則海棠有香者不僅大足
學林新編茶之佳者造在社前其次火前其下則雨前案唐人最重火前白樂天詩綠芽千片火前春火前者寒食禁火之謂也今浙閩楚皖滇蜀俱產茶則但重雨前矣五色線云龍安有騎火茶最上不在火前不在火後

故也清明改火故曰騎火茶

洞庭東山碧螺峰石壁歲產野茶數株土人稱曰嚇殺人香（嚇殺人三字吳諺見柳南隨筆）康熙己卯　車駕幸太湖撫臣宋犖購此茶以進　上以其名不雅馴題之曰碧螺春自是地方有司歲必採辦進奉矣

保甯產金樹上有鏤刻可觀見動植譜

劍州產龍頭竹見劍州志

巴州以竹根爲酒注其器爲時所珍見蜀記

巴州產桃笙按巴州方言謂簟爲笙桃笙乃柳竹簟也

昭化廣元產金蟲體綠色光如金婦女取以飾釵鐶
續黔書土人以燕麥爲正糧燕麥狀如麥外皆糠糢內有芥子一粒色黃可食羣苗以此爲麪每人製一羊皮袋盛數升塗饑輒就山澗調食謂之香麪其地賴此甚多古語云兔絲燕麥徒有其名殊未然也博物志謂人食燕麥骨節斷解者亦妄
逸周書采鷄禽經稱錦鷄物同而名異矣山海經云養之禳火災案此鳥滇省鎮沅黔省大定等處頗多其性以文章自喜時或臨川寫質對鑑呈儀則颯沓矜顧翩翩

起舞振踊不已目眩而斃悲夫矜其文而戕其身是亦可以爲戒乎

詩卭有旨鷊案鷊卽吐綬鳥禽經大如雛鴿羽色多黑雜以黃白有時吐物丹彩彪炳色類綬須臾還吞之又食必蓄嗉臆前大如斗慮觸其嗉每遶草木故一名避株鳥性蠢羣聚食山粱人以火槍戕之傷者墮地羣驚視不宵飛聞人足聲乃起巫山利川等處鄉人取以供饌味與雉同本草養之禳火災

廣東通志南海有黃雀魚六月化爲黃雀十月入海爲魚

所謂雀化蛤者蓋此若家雀則未嘗變化也

甘肅地志涼州有兀兒鼠者似鼠有鳥名本周兒者似雀常與兀兒鼠同穴而處案此即尚書同穴之鳥鼠也

貴州山石間有物焉形似蛙又似鮎色青味鮮苗人得之進上客呼為哪哪白澤圖云哪哪食之多力案字典無哪字其從土者土精也疑即石蠶石蛤之類

鄱陽湖產江豬一名饞魚豬首魚身前兩翅如腳有乳如人脂可燃燈照樗蒲則明照讀則暗俗言懶婦所化無鱗肉不可食

松江產沙裏鉤又名沙狗小於彭蜞厚肉青殼穴生水濱見人即走酒漬而味美

奉賢縣產榑廣韻名楊郭璞江賦楊榑森嶺而羅峯開花微紅葉似椿而細子似蔔蔔而小

廣州府產玻璃麻暑日為衫輕如蟬翼且雅俗共賞

清溪縣羅回產菩薩石光瑩似水晶大小皆六稜

永昌府產魚凍石性堅硬不能琢磨

滎縣產碶石珞珞然而不甚琇瑩劉綺田大令餽予十二方購紅豆木滎縣亦產此木造几凳以碶石飾其面頗雅潔

南滙縣產錦布色樣不一若古錦然

華亭縣產刮絨布染成而以刀刮有芒如氊氌踏光布染成而以巨石壓磨其紋側理者為斜紋布其紋方勝者為斗紋布寶山上海以紫花織成者尤良

婁縣產黃金間碧玉竹每節黃青相間又產飛白竹籛不盈尺綠葉中白紋似飛白畫故名

上海縣產壽星竹根粗梢細傍根節紋摺疊餘節匀而凸繁枝虬葉高不盈丈園圃多植之

松江府產比目魚俗名鞋底魚形如薄片無鱗紫色通明

似無腸兩魚各一目相並而游爾雅名鰈吳都賦名魪
臨海志名婢簁味肥美
粵西柳州府志有鳥名秋風者七八月間土人以利器巡
於江濱時有魚躍岸數跳即化爲鳥獲之烹食至美岑
溪縣志產東風菜潯梧地方有東風鳥春時入水化魚
靈川縣志仙隱巖上有石乳墜若纓絡下有石田夏時
流泉灌注中孕小石似楊梅顆名仙人米隨取隨長用
以養水仙花甚妙荔浦縣志產狗魚巨口無鱗四足雙
脊能升木食果冬煖臥樹覓暄每爲人所獲烹食味似

鰣鰱可見宇宙之大物類甚蕃不可謂必無其事也

某詩曰山深夜靜呼名字如是窗前人面蛇粤西江北諸府屬產吽蛇密林叢箐中恆有之能呼人名字途中應之則夜至宿所齧其腦主逆旅者每客過必告之始令安息不知誤應者主人送一匣內有蜈蚣置枕側夜半蛇至則匣間動跳放出須臾即齧蛇死蜈蚣歸匣中見貍憂集

粤西通志南梧諸郡產蚺蛇大者合抱在當日已絕無僅有近世所見者粗圍一二尺而已性最淫見婦女必追

及之蟠繞不解被交者多死或産蛇故郴婦樵採於山者必視路之遠近量繫裙之多寡遇蛇追及則解覆其頭而奔少頃蛇覺復追解覆如前倘道賒裙盡則不免矣然畏葛藤捕者繫藤其頸牽之如犬羊以竹籤釘頭尾於地數人執巨梃遍擊梃所至胆即隨之急以利刃剖而取焉其胆合藥罪人被三木時服之無痛楚明楊忠愍公被逮有餽胆者忠愍卻之曰椒山自有胆何用蚺蛇為即此是也其外腎如鉤可為房術而其油沾人陰處則縮如閹子亦物理之不可解者

蛇之善者惟升卿其惡者曰博叔然𧋍蛇食麈蚺蛇噬鹿巴蛇吞象見其形狀尚可趨避未有蹤跡詭異厥毒奇酷如圓蛇者也圓蛇產於黎平府古州土司中圓如卵有五采交或山水花鳥竹木歷歷如績狀同六合石子見者無不欣愛拾而撫摩之不忍遽舍去少頃得人氣於中心迸出一頭口目畢具舌如火輪囓人無幸免者人纔處草木枯槁泥土焦裂人不敢由此行皆迂道以避三年始復然其土猶惡苗人以篾簩矢插其處七日夜射人即殪其酷甚于燋銅毒銕天地間怪怪奇奇之

物無所不有人局於見聞則怪矣
續黔書所載思南有甑峯盤亘銅仁石阡數百里亢石無階杳無人居所產草木多異狀有獸類獮猴色蒼黃尾長四五尺鼻露向上雨即自懸於樹以尾塞鼻爾雅所謂蜼也巢於樹老者居上子孫以次居下搜巖得果即傳遞而上薦老者食食已然後傳遞至下上者未食下者不敢嘗先王用以繪於尊彝取其孝也案此類小而尾短者猴也似猴而多髯者豦也小於猴文采蔚然者果下豹也似猴而大者玃也大而尾長赤目者禺也似

狖而大者果然也似狖而小者蒙頌也一名蒙貴似狖而善躍越者獑猢也似猴而長臂者蝯也似蝯而狗首以蝯為雌者猵狙也又名獦狚似蝯而金尾者狨也似蝯而大能食蝯者獨也食猴者豰也仰鼻者狖也狖即雌也南人名之曰仙猴也

洞谿纖志黔中有風鬼無影無形以旋風食人為害續黔書謂風鬼昔有而今無也廣州記有平猴嶺南志有風母燒不死斫不入鍊錐鍛其頭乃斃張其口向風須臾仍活以石上菖蒲塞其鼻即不再生此抱朴子之狤猵

虞衡志之風狸也

元史太祖見角端返國爾雅騼似馬一角麐身牛尾馬足色黃蹄圓角端有肉則騼即角端乃麟屬也隴蜀餘聞角端產瓦屋山不傷人惟食虎豹山僧恆養之以自衛引中華古今注渠搜國獻鼩犬能飛食虎豹以鼩犬為角端謬矣又案逸周書王會解云渠搜有露犬即鼩犬之別名亦不聞有角端之稱

如臯縣市人於新秋擇倭瓜西瓜之擁腫離奇者隨其形狀雕刻人物花卉玲瓏工緻無體不備均洞其腹燃以

猪脂曰瓜燈陳諸几案如列寶市又善製風箏裁竹爲骨剪絹爲體所作人物或三或兩如昭君和番則昭君琵琶王龍背劍圍人牽馬面態無不酷肖骨以簨接合之則一體拆之則數片每年宮女遣人以重價購之又善帖絨畫人物花卉亭臺山水章法犁然最宜介壽之堂花燭之室取其炫目采色也亦有淡雅者上官歲徵以爲 貢品見丁碧軒鴻泥瑣記

松潘產舍猁猻不及俄羅斯之毼而毠

理番產氆氌即唐書吐蕃所貢霞氎

陝西長安等處有羊羔酒製法以乳羊蒸餅漉酒非特不羶且香洌古以羊羔美酒爲二物誤矣

雅州滎經縣熒澗產納魚似鯢有足聲如小兒啼亦能緣木孟子謂緣木求魚理所必無也然而物之不可窮者如此

國初江浙魚市買者以斗論汪鈍翁漁父詞云魚價今年逐漸强吳人謂賤爲强偶因換酒到山鄉笒筲箇箇盛魚滿一寸銀魚論斗量又朱竹垞太湖罛船竹枝詞亦云聊取湖東販船至量魚論斗不論秤今則盡皆論秤不論斗

物價騰踊日甚一日可勝慨哉按不獨魚價爲然自光緒以來百物翔貴以丙中丁酉而計之菜油一鐔百六十斤售銀二十二兩蠶豆一斗六十斤售銀一兩八錢各有奇芝麻價一兩九錢菽麥價一兩四錢其斗如蠶豆斗至於鹽米絲棉菜蔬瓜果莫不較前加倍緣以歲愈歉而錢愈昂是以市井愁苦貧富怨嗟

國初南和縣姓刁者以善釀馳名曹顧菴元城竹枝詞云火樹燒殘雪已消春盤雅會互相招市酤價重南和縣小瓮紅箋盡姓刁今南和猶產酒然釀家已非刁姓惟屬員送上司以大瓮盛陳酒外塗紅繪采稱曰花刁本此

福建以紙織畫山水花卉翎毛卓然大雅不羣江淮有漆畫渲染蟲鳥意態如生見分甘餘話此二畫予家有三軸莫不清超神逸眞奇技也蕪湖有鐵畫饒州有甆畫松江有火筆畫見茶餘客話甆畫火筆畫亦見之惟鐵畫未覯又王秋山能以指甲挐畫紙山水蒼潤不落作家窠臼見鈕玉樵觚賸予見如皋貼絨畫山水秀逸人物蒼老花卉工麗尤在諸品上相傳冒巢民姬人蔡氏始爲之楊蓉裳農部有董宛君貼梅扇子歌然則深閨諸姬皆工錯采不僅蔡夫人矣

池州九華山產黃精他產非眞黃爲土色以其得坤土之精故

名黃精服之益氣延年功在薓朮之上古方尠有用者
今人絕不采及仙腴神品反不如牛溲馬勃猶得增價
炫奇見用於世嗚呼藥之良也亦有幸有不幸而況人
乎

黔省有刺梨其榦如蒺藜多芒刺其葩如荼蘼其實如安
石榴而較小其味如山楂而較甘遍處悉產移之他境
則不生豈亦畫疆之雌過淮之橘耶

鷄菌滇省所產土人謂之鷄㙡㙡與㙯同集韻㙯土菌也
田蒙齋黔書謂孟秋生淺草中初奮地則如笠漸如蓋

移居則紛披如鷄羽故曰鷄以其從土出故曰㙡種有
二惟紫者可食白能傷人蹲而采之來歲可再得立則
否亦理之不可解也
鄖陽山中多木檽廠解木爲段日蒸雨漬遂生黑檽沃以
米湯者尤肥大川省彰明產銀檽價數倍爲時饌所尚
清異錄稱五鼎芝之是也滇省大理產黃檽性綿不爽口
咸豐七年十月予游錦城張秋坪廉訪招飲開筵首出
紅檽大如牡丹花一朵可滿一盌問其何來曰此鄖陽
巨室所藏以餽予者該處數年而偶得之非常產也

固始縣產茶蔆出泉河諸牐水中蔓生花白葉似蔆三尖蝦形須爪畧俱剖殼得仁若蓮欒實凡三粒香清味腴且宜茶食故名茶蔆又鹽鵝產華林灣者肥美特異灣饒魚蜆蝦螺鵝飱之重十五六斤初冬殺後漬以鹽至春色紅如赧隱有棋盤花紋天然可愛曾充貢物又皮絲猪去肉留皮置釜中沸之使熟勿待其爛即撈取漉諸甕數日切片長尺餘然後剝為絲瑩亮潔白殆擬水晶它郡縣者條短色黃不及多矣惜產偏陽嗜古者絕少反讓天津黃花魚甯波江揺柱以供老饕之朵頤名

中天下焉見籜廊璅記
江皖浙閩產烏蔗似野薔薇可作蔬四月開淡紅花五月實熟紫赤色味如桑椹案烏蔗卽堇也堇卽覆盆子
漢中府產紫菀其根色紫而柔菀故名
饒州產菩菱草叢生水中葉在莖端土人呼曰菩菱按玉篇菩菱水草宜食
粵西博白縣產黃皮果朱篠霞太守餽予兩盒味甘而微酸頗爽口
金川產南瓜有重一百二三十斤者見金川瑣記予半信

牛疑後游省友人張春丞管懋功屯見其雇四人舁一
枚送吳仲宣制軍
順慶南充縣產施家梨色黃味甘食之無渣滓
甘肅產軟果入口成液其味如甘露
國初川省涪州滇省會澤等處產九節貍其色黃其毛淺
其皮可供裘領士大夫多衣之近時無此物按宋史安
陸州供花貓即此
川省有蜀秫高大如蘆荻可釀酒可濟荒可養畜其莖可
作洗箒其稭稈可織箔編席夾籬供爨最有利於民者

今祭祀用以代稷者誤矣
一統志雅州蒙山常有甘露瑞應圖云甘露美露也神靈之精仁瑞之澤其凝如脂其甘如飴杜鎬言甘露非瑞也乃草木將枯精華頓發於外謂之雀餳
一統志嘉州產冬蟲夏草今嘉州如峩山綏山瓦山等處崇岡綿亘五六百里並不產此惟松潘魚通曾有之案蟲草初生抽芽一縷似鼠尾長三四寸無枝葉雜生蔓草中採藥者須伏地尋擇因芽及根蟲形未變頭嘴倒植土內短足對生背有蹙屈紋稜稜可辨芽從尾茁蓋

直偃蠶非僅形似也每歲四月杪五月初旬可採太早則蟄蟲未變太遲卽變成草根不可辨識矣味甘平同老鴨煮食治弱病效驗

樂山縣產日月竹案日字誤乃月月竹也其竹月月生笋味不中食高僅六七尺枝繁勁細爲掃箒最良

嘉州產魚上止龍泓下止烏尤黑首白腹味如鯢魚

嘉定城北三十里產荔枝因名荔枝灣江畔有一大株枝葉蓊鬱綠色蓬蓬今年東半樹結實明年西半樹結實故名側生或云半樹結實較他產尤甘正養力以足其

味也

峩眉山產螢竇草光如螢火或隱或現即皮日休詩所謂

螢火芝之也又產貂伏虎寺老衲出以示予目炯炯其毛

似松綠色而毵毵亦可爲裘但不可多得耳

晉賢綫即仙人絛也附樹苔鬚叢垂若絛峩山深谷中有

長至尋丈者又產麓蹄草即萱草也

劒州黄沙江產黎淵石可以作硯較蒲江所產尤良

雲南迤東等處產鷄血藤治婦女經閉神效

朝鮮產頭髮紙平視無奇對日照之盡是頭髮紋

左思蜀都賦嘉魚出於丙穴文選注丙穴在沔縣褒雅州車岡皆有丙穴不獨沔縣也出於粵西梧州者亦稱佳品若粵東所生則在高要之羊峽該地多巖窟魚穴其中含英咀華以育以息則粵東西皆有丙穴又不獨蜀也顧產於遐壤名亦弗顯然則物之託非其處而能自見者少矣按五穀百果之屬以及飛潛動植隨地可有者不載玆將徵諸冊籍凡各縣專產吟香書屋筆記共有三百則摘一百則附於瑣屑錄中以見　皇朝仁育萬彚義潤九垓山水精英土物瑮麗不僅戶擅鹽鐵

人樂稻魚而已也竊思土物既如此阜昌何必妄耗金錢轉買海船佔艘之奇技不知彼器雖炫熿質多脆薄易於銹澁損傷而心反爲其所役矣故予視彼器如泥車瓦狗然

入樂稻魚而已也講思士何于

錢轉買海舶往販入市技

是於錢誰損傷而心

車瓦狗然

皇朝瑣屑錄卷四十一

嘉州 鍾 琦 洎農

外藩二十一則

科爾沁元太祖弟哈薩爾之後明初置兀良哈三衛之一
也以同族有阿魯科爾沁因號嫩江科爾沁以別之從
龍佐 命累世 國戚 孝端文皇后 孝
莊文皇后 孝惠章皇后皆科爾沁女故 世祖
當草創初沖齡踐阼內外帖然得蒙古甥舅扈戴之力
自天命至乾隆初額駙尚主者入凡大征伐輒揚旆前

驪於王室大有茂勳非他外藩可比見　太宗

世祖實錄

太宗文皇帝崇德七年達賴班禪至盛京奉書及方物并獻卦驗知必當一統明年遣使存問達賴班禪稱爲金剛大士是爲我　朝通西藏之始案西藏古吐蕃元明爲烏斯藏其人則謂之唐古特亦曰古伯特其地分三部曰康郎打箭爐外巴塘察木多之地爲前藏曰衛郎布達拉及大招寺本吐蕃建牙之所今達賴居之爲中藏曰藏郎扎什倫布華言吉祥山也以山得名本拉藏所治今班禪居之爲後藏又並極西之阿里則稱四郡云東西六千餘里南北五千餘里距京一萬四千餘里若由阿里南二千餘里入額納特珂克境即內印度

天聰八年　太宗征察哈爾至其庭林丹汗遂徙其人畜十餘萬衆西奔離散十之七八林丹汗走死明年其子額哲率所部奉傳國璽來降封親王額哲卒其弟襲爵傳至布爾尼康熙十四年徵其兵不至擁衆叛命將征之平空其故地置牧廠隸內務府太僕寺而移其部衆游牧於宣化大同邊外共八旗

北邊鎮戍之大自最東迄於最西曰吉林為東三省之一距京二千三百二十里設將軍捍衛天府蕃雄鎮也曰庫葉島幅幀千里峯巒環疊三姓副都統所轄也曰三姓大山老林直接俄羅斯曰黑龍江為東三省之一距京三千三百五十里乃巖疆屏藩漢鮮

卑地即此國朝以齊齊哈爾爲省會設將軍駐防與吉林奉天爲屑齒屹然稱重鎮曰黑龍江城昔以此城爲省會後改將軍駐防齊齊哈爾遂以此城設副都統距齊齊哈爾八百里爲東省屏藩北門鎖鑰曰呼倫貝爾遼爲上京臨潢府曰庫倫設大臣其地北行五十有二站爲恰克圖互市之道曰烏里雅蘇台距京四千九百六十里詢絕漠之綱維邊徼之保障故設定邊左副將軍曰車臣汗部喀爾喀之東路北有敖嫩河元太祖起兵於此明成祖至其地改曰飲馬川邊防要害也曰土謝圖汗部喀爾喀北路爲自古用武之區與俄羅斯毗連曰三音諾顏部喀爾喀之中路乃超勇親王策凌用兵敗敵處扼要之區也曰札薩克圖汗部稱喀爾喀西路自古防禦之所屯戍之區曰唐努山烏梁海峻嶺迴環巨川旋繞曰科布多西倚金山北臨俄剎設參贊大臣治焉曰塔爾巴哈台金山之西沙陀之北古爲

五單于角逐之場三葛邏憑陵 曰伊犁天山之北設將軍駐惠遠城距

之地今設重兵以扼俄羅斯京一萬九百里本屬城九曰惠遠曰惠寧曰熙春曰綏定曰廣仁曰瞻德曰拱宸曰塔爾奇曰寧遠此外如葉爾羌城喀什噶爾城英吉沙爾城庫車城阿克蘇城和闐城喀喇沙爾城賽哩木城拜城皆隸於伊犁爲中國之屏藩司北徼之咽喉 見文獻通考綏服紀畧朔方備乘

朝鮮禹貢青州逾海之地舜割爲營州周封箕子本中國地也與盛京僅界鴨綠一江 太宗天聰元年正月 當明天啟七年 命貝勒阿敏等率師征朝鮮偪國都朝鮮王李倧棄妻子遁江華島遣使詣軍謝罪三月庚午刑白馬烏牛誓告天地約爲兄弟之國彼此相稱曰貴國曰

敝國猶用鄰國通聘之禮也未幾敗盟詞甚厲且以兵拘我使臣天聰十年四月改元崇德國大清乃于十一月率師征之入其都城倧退保熊津江我軍如震霆烈燄倧始奏書稱臣質二子奉正朔歲時貢獻表賀如明國舊制其國南北二千里東西四千里分八道統郡四十有一府三十有三州三十有八縣七十朝鮮國官月六參文班七百十員武班五百四十員六拜蹈舞而退國王躬身還禮稟事則膝行而前得旨復膝行而退至當級乃步見鷄林類事

四裔考順治十年廣東巡撫奏報荷蘭願備外藩十三年

六月齎表入貢康熙三年　賜國王文綺白金等物
二十五年請定貢期五年一次乾隆元年　諭裁減
荷蘭稅額以示柔遠案通典及一統志所載康熙閒荷
蘭入貢遣陪臣所進表文有云外邦之丸泥尺土乃是
中國飛埃異域之勺水蹏涔原屬　天家滴露情詞
恭懇迥異尋常蓋我　列聖纘承　祖武益溥
鴻慈用能　化及遐夷如天地無不覆載　恩
施遠島有血氣莫不尊親矣
琉球在泉州之東海島中計程七十四更每更百里自泉

州梅花所開洋至琉球七千四百里順風利船七日可至國王初姓歡斯名渴剌兜後嗣王曰尚圓尚眞尚清元延祐間國分爲三曰中山曰山南曰山北明初三王遣使朝貢賜印幣宣德間山南山北皆爲中山所并中朝不問焉而中山王自察度至尚賢凡十八傳迄我
大清順治十一年尚賢之弟尚質遣使入貢請封乃封尚質爲琉球國中山王
康熙五年　詔封黎維禧安南國王六傳至維禑有阮鄭二姓世爲輔政鄭乘阮死孤幼出阮氏於順化號廣

南王鄭棟有篡志忌廣南之强乃誘其土酋阮惠攻滅廣南王於富春乾隆十有一年鄭棟死於是阮氏復專國明年維禑卒嗣孫維祁立阮惠盡取珍寶歸廣南維祁出亡兩廣總督孫士毅奏聞　詔孫士毅等由諒山進剿不匝月克復國都　上以道遠餉艱曠日老師詔士毅班師入關而士毅貪俘阮爲功又不設備阮惠諜知虛實突襲我師提督許世亨以下官兵一萬有奇皆死焉惠懼再討又方與暹羅搆兵恐暹羅乘其後敂關謝罪乞降更名阮光平五十五年來朝受封歸五十七

年三月卒子光纘嗣嘉慶初暹羅既與廣南積怨會黎氏甥農耐王阮福映者奔暹羅暹羅妻以女弟助之兵嘉慶七年福映滅光纘今修職貢者非復前日阮氏云

康熙六年南掌國繳所受前明印勅其地毗連暹羅不及暹羅大　詔封南掌國王銀飾金印

國朝喀爾喀相繼歸誠名凡三曰舊喀爾喀即編入八旗之駐京蒙古也曰外喀爾喀即漠北外札薩克四部蒙古也曰內喀爾喀即喜峯口張家口外之內札薩克左右翼蒙古也本元太祖十五世孫達延車臣汗之裔　外蒙古有兩科爾沁

同名同族有兩杜爾伯特同名異族有三土默特異姓同牧其二部分左右翼左翼元臣濟拉瑪裔右翼元太祖裔又歸化城一部土默特與右翼爲近族故　高宗言三代以後惟元太祖子孫繁衍其漠南漠北等部至今世嫺　帝室其西海等部則元之旁支西域青海等部則元之臣僕也案一部廿二史帝王之子孫未有如元太祖之支條蔓衍者其疆域之廣兵甲之雄亦非他帝王所能及至於奇勳偉績修史者以其外夷統中國故多疏畧殊屬狹隘據元史及蒙古源流亦軒轅氏之苗裔不然何以根柯有如此之盤固也

純皇帝以準噶爾蕩平終　兩朝未竟之志祭告　陵

廟立碑太學又勒銘伊犁者二勒銘格登山者一命禮部侍郎何國宗率西洋人攜儀器繪地圖徧測西北各部星度節氣日出日入早遲刻列於時憲書命鄂容安劉統勳考漢唐西域輿地今昔沿革輯成圖志其名山川增列祀典十有六設將軍大臣以治之又置迪化州於烏魯木齊設鎮西府于巴里坤改安西府爲安西州裁安西道凡伊犁所屬城九烏魯木齊所屬城十有六屯堡不與焉 皇道炳煥 帝載緝熙化孫烝而冠裳變氈帳而閭井此 純皇帝損益經綸之義所

必因焉乘焉者也

國初厄魯特種類蕃盛分牧套西者曰套夷漢北地武威張掖三郡西北境唐吐蕃宋西夏明爲邊外地袤延七百餘里與陝甘毗連駐牧青海者曰西海諸

台吉駐牧天山北路者曰北厄魯特當青海盛時并屬

于固始汗元太祖弟哈薩爾之裔至明末固始汗自西域入據青海分二部初固始汗

兄子曰鄂齊圖汗游牧套西而固始汗之孫和羅理等

亦牧套西是爲二部分地之始康熙十六年準部噶爾

丹娶鄂齊圖女旋以兵襲殺鄂齊圖破其部於是套西

厄魯特潰散而和羅理族避居大草灘求達賴剌麻表

請甘州東北之龍圖山蒙古謂之阿拉善山即賀蘭山陰者山陽爲內地山陰爲蒙古游牧賜爲游牧　詔許之是爲阿拉山厄魯特游牧之始三十二年給扎薩克印編一旗置佐領封郡王一鎮國　公二雍正二年　王師定青海及討石峯堡逆回輒以所部爲軍鋒晉爵親王自是爲屏藩王室之臣矣案河套諸番羅列近年諸番日强青海蒙古日弱駐防官兵昔嘗日離番以制蒙古者今反衛蒙古以捍番也惟阿拉善部有吉蘭鹽池設官收稅故富强甲於西陲恐勾番助虐於邊疆擢兵牧馬蓋河套逼近內地與甘涼甯肅毗連傳日非我族類其心必異執柄者不可不鰓鰓過慮耳

青海古西海郡在西甯府三百餘里其水周七百餘里羣

山繞之瀦而不流環海居者皆番族其地袤延二千餘里本漢時鮮水諸羌也見皇朝文獻通考自明置西寧河州諸衛領以番酋分授禪師國師之號俗崇佛教始隸於西藏其後一并于套酋俺答再并于厄魯特固始汗遂為蒙古有和碩特者舊本四厄魯特之一也準噶爾治伊犁杜爾伯特治額爾齊斯河土爾扈特治雅爾即塔爾巴哈臺地而和碩特自烏魯木齊徙治青海此四部統稱厄魯特然青海亦雜有四厄魯特之衆惟和碩特設扎薩克二十有一本元太祖弟哈薩爾之裔元史哈薩爾善射佐命功尤大十九傳至

明末稱固始汗我　太宗崇德中固始汗繕甲益兵擊敗唐古特遣使通貢順治三年又遵達賴剌麻入覲詔封遵文行義敏慧固始汗賜金册印弓矢甲胄順治十三年卒是爲　國朝通青海之始亦爲青海厄魯特之始康熙三十六年　詔封固始汗子達什巴圖爲和碩親王餘授貝勒貝子見綏服蒙古記

乾隆三十六年二月土爾扈特遣使上表來歸順言官謂不宜納俄羅斯屬部　上以遠人來歸不可卻之且舍楞即我之叛臣（土爾扈特台吉舍楞黨阿睦爾撒納二十三年逃往俄羅斯）歸俄

羅斯一再索取訖未與我以此折彼該國何詞以對
命理藩院行文至俄羅斯果然讋服六月土爾扈特
汗烏巴錫舍楞等棄俄羅斯舊牧率眾至伊犁請內附
詔封烏巴錫等汗王台吉有差
哈薩克本回部之俗恃畜牧為生其分布大者有三曰左
曰右曰北按左右最近新疆阿睦爾撒納之叛逆也實
與左部相犄角及　天戈進討擒杇拉枯左部既稽
首稱臣右部亦舉國內附於是膺王公台吉之爵歲時
朝覲納租賦悉與內地各蒙古相等自古康居大宛之

地未有服屬若此者也

西北部族有居國行國之殊而有游牧採捕之別今漠北烏梁海（即明時兀良哈之部族）業採捕散處山林而受役屬於喀爾喀準噶爾諸大部蓋自古漠北之俗以游牧者為强國而捕貂打牲之人附之匈奴之興役屬丁零諸部突厥之興役屬鐵勒諸部以古準今若合符節康熙年間喀爾喀既內屬其所屬之烏梁海亦皆歸順　天朝供賦聽役惟準噶爾所屬烏里雅蘇之烏梁海阻深負固迨策妄阿拉布坦倚烏梁海為援始議征之至乾隆

朝遂全歸版籍矣

本暹與羅斛二國在占城極南暹乃漢赤眉遺種土瘠不宜耕稼羅斛平衍種多穫暹仰給焉元至正間暹降於羅合爲一國故名暹羅乾隆三十六年爲緬甸所滅四十三年暹羅遺民憤緬甸暴虐推其遺臣鄭昭爲主起兵盡復舊封於四十六年航海來貢至是昭子華嗣立亦才畧嘗侵緬甸其酋不能支乃東徙五十一年

詔封華暹羅國王緬甸益懼中國由此無邊患暹羅地方千餘里羣山環繞產米甲南洋歲濟廣東數萬石兵

既可禦外侮叉可佐邊氓其關繫中華大也案四洲志暹羅藐視外夷專尊 皇朝以此褒之其忠順亦不亞於朝鮮琉球矣

鄂爾多斯部在河套中秦蒙恬所奪匈奴河南地而漢唐之朔方郡也東西袤二千里南北廣九百里城堡邊牆故蹟棋布赫連元昊屢為覇國且形勢險要俗龐土沃元太祖十六年其孫巴爾蘇始居之是為今札薩克之祖本六旗乾隆中滋息復增一旗設七札薩克自為一盟

蒙古凡二十五部為五十有一旗其會盟則若科爾沁若

郭爾羅斯若杜爾伯特若札賚特四部爲一盟（其盟所曰哲里穆貢道由山海關）若札魯特若喀爾喀左翼若奈曼（奈曼即元史所謂乃蠻也太祖既平乃蠻以封其子故後人因以名部）若敖漢若翁牛特若阿魯科爾沁若巴林若克什克騰八部爲一盟（其盟所曰昭烏達貢道由喜峯口）若土默特若[illegible]喇沁二部爲一盟（察土默特左翼及喀喇沁乃太祖功臣濟拉瑪之後餘皆太祖及仲弟哈薩爾季弟勒格爾之裔又濟拉瑪後人其盟所曰卓索圖貢道亦由喜峯口）若烏珠穆沁若浩齊特若阿巴哈納爾若哈巴噶若蘇尼特五部爲一盟（其盟所曰錫林郭爾貢道由獨石口）以上爲東四盟

內蒙古若四子部落若喀爾喀右翼若茂明安若烏喇

特四部爲一盟其盟所曰烏蘭察布貢道由張家口又鄂爾多斯一部七旗牧河套內自爲一盟其盟所曰伊克台貢道由殺虎口以上爲西二盟內蒙古每三載盟會之期理藩院奏聞　命大臣齎勅以往設正副盟長各一以簡軍實閱邊防理訟獄審丁册牲歸化城土默特向隸將軍都統及各廳同知不設札薩克故會盟集本城中至各部事權統掌於札薩克一人此外皆散秩凡元之子孫皆以插漢部爲大宗案蒙古疆域環繞盛京吉林黑龍江及直隸甘肅陝西山西廣袤數千里滇省斜袤四千里皆與緬甸毗連案緬甸漢朱波唐驃國

明初一宣慰司耳萬歷中莽體瑞者吞諸部自立爲酋其地蔵長補短約三千里有桂家銀場土司宮裏雁募勇防守爲緬酋所憚永昌知府楊重穀誘宮裏雁而戮之以爲功於是緬酋益無忌宮裏雁之妻囊占嗾令緬酋及諸土司內犯我師三次大失利總督劉藻將軍明瑞領隊大臣觀音保札拉豐阿皆死之并斬大學士楊應琚提督李時升譚五格等皆由知府楊重穀妄啟邊患乾隆四十一年聞金川平而震疊求貢五十一年聞暹羅封而稽首稱臣國初李定國嘗約暹羅夾攻緬甸該酋有傷弓覆車之戒自是西南無緬患其間得力於暹羅者居多

錫伯利路既非索倫亦非蒙古與黑龍江毗連卽鮮卑遺民也於中國從古不諳聲教惟唐太宗威震北海咸設羈縻郡縣此錫伯利聲教之一通也既而款啜再起回紇强盛與中國又復隔絕元太祖開拓其地封建其子此錫伯利聲教之再通也無何尾大不掉尋干戈者五十餘載至明更以荒外視之我
朝德化覃敷殊俗賓貢於是錫伯利之人始得因俄羅斯以觀光
上國既而
命將致討震曜以武功設館育才
訓迪以文教俄羅斯在京設館讀書錫伯利之人尤多在俄羅斯舉國衆庶無

不感沐　鴻慈而錫伯利附近中華霑被尤速至今
日則氷海以南金山以北咸獲乂安各務茲誦斯皆二
百年以來涵泳　聖澤之所致也
漢唐以來每多邊患非疲於西北即弊於西南駕馭鮮有
長策案綏服紀略惟我　高宗純皇帝睿慮周詳教
誠無微不至自乾隆戊辰以來收金川平伊犁盡降回
部不招致而投誠者尤多凡絕徼荒夷無不恭順即有
意外之虞仰承　聖訓先爲查詢起釁根由或守邊
兵役倚勢欺凌或防邊官吏藉端勒索凡經得實一面

卽行具奏請以不法之兵役官吏按例懲治一面發檄慰諭嚴斥不應如是則其驟然而起必渙然而退也並令獻其倡首者卽繩以法若果無欺凌又非勒索或如僕固懷恩唆使吐蕃回紇者惟有開其愚惑諭之以禮訪其唆使正之以義故安人息事罷警止兵而永享昇平矣以上二則吟香書屋筆記摘錄

皇朝瑣屑錄卷四十一終

皇朝瑣屑錄卷四十二

嘉州　鍾　琦　泊農

外藩三十七則

順治初天下混一達賴班禪及固始汗復各遣使獻金佛念珠表頌功德　詔賚甲胄弓矢皮幣并遣使迓達賴順治九年冬至京師　世祖賓之于太和殿建西番寺居之及行餞之南苑德壽寺授金册印封西天大善自在佛領天下釋教普通鄂濟達賴剌麻　命和碩親王以八旗兵送之

雍正元年哲卜尊丹巴胡土克圖次於達賴班禪者自喀爾喀部
來朝卒于京師年九十矣　上親臨奠賜名號册印
如達賴班禪之例遣使護其喪歸庫倫其後五年喀爾
喀奏胡土克圖呼畢勒罕轉生于庫倫　詔賜金十
萬造寺以綏喀爾喀之衆又爲駐京之章嘉胡土克圖
後身造寺于多倫泊以綏內蒙古之衆章嘉者　上
在雍邸時夙覺大乘所從以咨佛法者也
雍正二年青海剌麻黨賊拒戰王師討平之　上謂玷
辱宗門莫斯爲甚乃收各寺明國師禪師印并定制廟

舍毋逾三百楹衆毋逾三百人
雍正二年冬藏中噶布倫等忌殺貝子康濟鼐欲投準噶
爾　詔將軍查郎阿率川陝滇勁旅一萬五千進討
未至而台吉頗羅鼐約後藏及阿里兵截賊去路擒首
逆　詔以頗羅鼐爲貝子總藏事留大臣正副二人
領川陝兵二千駐藏鎮撫之是爲大臣駐藏之始
雍正三年準噶爾策楞請赴藏煎茶　詔嚴兵備之乃
收前藏東西之巴塘裏塘歸四川設宣撫土司治之其
中甸維西隸雲南設二廳治之惟察木多以外各土司

仍隸西藏[illegible]達賴剌麻于裏塘之惠遠廟以避準噶爾惠遠廟番名噶達寺

乾隆四十五年　高宗七旬萬壽第六世班禪來朝祝釐七月至接見于避暑山莊之澹泊誠敬殿初　上習蒙古語及平新疆習回語平金川習西番語茲因班禪來覲復習唐古特語故重譯朝見告語如家人舊以達賴班禪有高行入覲惟跽不拜至是班禪固請

上嘉其恪誠從之隨　皇帝回京接見于南苑德壽寺仍居西黃寺講經放參皆　世祖禮達賴處也京

師西山有僧某者往論佛法責以宜居西番清淨式衆不宜入中國過受崇奉班禪謝之十一月以痘終京師年四十有二　詔即其地建清淨化域明年春舍利金龕西歸　駕幸西黃寺拈香送之

初達賴剌麻之呼畢勒罕俗稱活佛一世二世出後藏三世出前藏四世出蒙古按蒙古源流錬木眞元太祖乃釋迦牟尼佛之後五世出前藏六世出裏塘非一地一族及各大呼圖克圖亦然至乾隆末而各大剌麻類多兄弟叔姪且多出蒙古汗王貝勒子弟甚至哲卜尊丹巴二示寂適土舍圖汗外蒙古喀爾喀

之福晉有妊衆即指爲呼畢勒罕及彌月竟生一女尤貽口實漸損蒙古之敬信葢宗喀巴經言達賴班禪六世後不復再來故後此登座者無復眞觀密諦祇憑垂仲降神指示垂仲者猶內地之師巫也

乾隆四十六年遣使賫册印封第七世達賴剌麻時年二十二歲因班禪卒乃封達賴以綏唐古特之衆嘉慶十三年第八世達賴剌麻之呼畢勒罕靈徵衆著由駐藏大臣奏請封之按達賴班禪自言六世後不復再來則今之黃教非昔之黃教尤非古之釋教宜若可以已焉

然葱嶺以東惟回部諸城郭國自爲教外其土伯特四部青海二十九旗厄魯特汗王三十七旗喀爾喀八十二旗蒙古游牧五十九旗滇蜀邊番百十土司皆黄教使無世世轉生之呼畢勒罕以鎮服僧俗則數百萬衆必互相雄長狠性野心且決驟而不可制南北朝時西域數十國迎法師求舍利動至兵爭爲部落安危所係蓋邊方好殺而佛戒殺且神異能降服其心此非堯舜周孔之教所能馴也是以　純皇帝詔達賴班禪兩汗僧當世世永生西土維持教化蓋衛藏安而西北之

邊境安黄教服而準蒙之番民皆服矣
全藏所轄六十八城衛地三十藏地十八喀木九阿里十二所謂城者則官舍民居塹山建碉之謂量地大小衆寡各設宗布木以理民丁布木以理兵民居碉房其游牧之番及蒙古則居黑帳似游牧而非游牧似城郭而非城郭介居國行國之間與蒙古回疆異
西藏達賴喇嘛暨班臣額爾德尼進貢藏佛有銅泥二種銅者用模範鑄坯或鍊熟銅一塊鑢錫剉成窮年累月竟其功形製不甚雅率多小首大身中藏蝇頭細字佛

經𡰪人視如拱璧泥者喇嘛屑佛骨爲之近日稍異佛化後屍坐龕中皮肉潰爛漉取血汁雜泥土硃砂印成在西藏中已不可多得𡰪人云佩諸身畔箭鏃不能及欲試之者懸佛像於羊頸射之眞贋立驗若莊嚴之銅像泥像皆內地漢人僞造不足貴也又貢物除佛像外有金經銀塔五色帕及珊瑚氆氌黑白香使臣還國均降

敕慰問賜金幣有差

西域稱僧爲剌麻剌麻者華言無上也今俗加口旁曰喇嘛誤矣

乾隆二年理藩院造册西藏達賴剌麻所轄寺廟三千百有五十餘所剌麻三十萬二千五百有奇百姓十有二萬四百三十八户班禪所轄寺廟三百二十七所剌麻一萬三千七百有奇百姓六千七百五十二户

藏地凡大臣經過土司桀敖（番酋也）支應烏拉（夫馬也）桀敖帶領古操（親兵也）以防夾巴（盜賊也）見游歷芻言所載慶賀皆用茶葉（以茶為貴）哈達（白綾也）猶有古人用帛之遺意

藏地自南墩迤西並江卡乍丫察木多歸駐藏大臣管理東土司並巴塘裏塘歸川省將軍提督管理至邊界如

濟嚨絨轄聶拉木錁索橋俱設立鄂博

藏地世家子弟稱爲東科爾遇大小番目必於東科爾中通曉書算家道殷實者補放其餘番民雖有才能並無進身之路或挑補定琫小頭目亦不能再有升轉乾隆五十八年大學士阿桂酌議大小番目惟視其才能之優長不在世族家道之殷實如果技藝嫺熟即非東科爾出身亦准由定琫洊擢升至古琫

濟嚨聶拉木乃藏地衝要處納收稅課每米一包抽一木椀鹽一包亦抽一木椀其餘不論精粗即珊瑚珍珠每

包抽取銀錢一圓

巴勒布又名科爾喀地處萬山中在後藏交易藏地向設噶布倫四員總理事務設戴綳管理番兵設第巴不下二三百名管理土地因噶布倫任聽第巴等妄爲科爾喀於乾隆五十三年六月侵犯後藏邊界派將軍鄂輝提督成德征討科爾喀退避遂將所佔地方收復科爾喀畏　威戴　德自請五年一貢每遇貢期前藏差員護送至察木多再令察木多游擊及糧務官護送至打箭爐由打箭爐派員護送成都選委文武護送至京師

葡萄牙康熙十七年表貢獅子二五十九年使臣斐拉理入朝　召見暢春園　賜坐賜茶案明隆慶時葡萄牙乞租香山縣隙地因立埔頭於澳門遂爲泰西通市之始

光緒八年壬午日本以兵脅朝鮮通商朝鮮君臣籌思恐巳之所產不足以牟他人之利尤恐他人之所來轉足以變吾民之俗本意原不允然畏日本凶鋒虐燄不能不曲從之又朝鮮王自登位以來奸黨内包蜂蠆劇盜外肆虎喙恐日本乘機審變而效漁人坐收鷸蚌之利

也

光緒朝我屬國莫不衰微辛巳年英侵緬甸法侵越南緬甸潰敗割地請和於英越南危急亦割地請和於法案平日不講武厲兵訓民足食有警惟割地請和非開門而揖盜剜肉以飼虎乎從此壞愈促賦愈減名愈卑氣愈弱未有不被懷愍之青衣運徽欽之青城而已也癸未越南有大將劉永福嶷如長城猶爲法所憚倘能支持而緬甸力屈勢窮竟爲英所滅撫銅駝於荊棘閱浩刼於滄桑而不勝欷歔痛恨耳

光緒九年九月法蘭西遣兵侵奪越南地方越南敗績威逼私立和約謂越南不得屬中國案越南臣服中國已二百餘年冊封貢獻克盡以小事大之禮乃法人興師攻取海防河內等處不惟欲吞噬越南且窺伺滇疆垂涎銅礦又和約中謂永順省槩歸該國管轄礮臺槩歸該國據守關稅槩歸該國徵收文武槩歸該國分別去留我　皇帝赫然震怒　命將出師雖馬江鷄籠前後淪陷幸黑旗劉永福一戰而斬其梟將安鄴再戰而斬其大將李威利又自去年交鋒以來法敗於紙橋

敗於懷德敗於丹鳳故見黑旗莫不鳥驚獸駭是以遣使請和不似昔日之恫喝要求也然我屬國從此無積勝之威有牽制之慮揆厥所由該君相不知履霜堅冰之漸耳

光緒十年甲申日本滅琉球改設縣丙戌琉球有遺臣晉京效包胥哭師因中國不能應援一則自刎而死一則絶食而死吾知淚盡成紅血將流碧其忠心義氣足以照耀古今震爍史乘矣

光緒二十年七月二十一日朝鮮京城有日本駐紮之兵

卒同治十一年亞細亞歐羅巴兩洲凡各國京城彼此派全權大臣駐紮因朝鮮小醜跳梁奏請中國保護而日本亦藉保護出師裹應外合突攻王宮竟將朝鮮君后擄去且侵奪我疆域淪陷我郡縣何其猖獗至此乎按自古失統緒者亦多未見不交鋒不略地不攻城而突然亡者有之自朝鮮始自古興師旅者亦多未見如拾芥如摧枯如折腐而突然得者有之自日本始揆厥所由朝鮮內擾於流寇外迫於疆鄰兼以人才疲薾不克自振且敵人介處肘腋該君臣尚在醉夢中是以倉猝縱横邦本傾覆耳今歐洲各有

兵卒駐紮京輦竊思前鑒未遠來軫方遒揣想當道諸公自有杜甫憂國之心江統徙戎之論無庸山林草野私衷竊慮而效杞人嫠女也

國朝新疆各官除將軍大臣總管協領參領佐領外又設回部伯克管理各台吉回民三品至七品不等伊犁二十三人烏什五十八人葉爾羌四十八人和闐四十九人喀什噶爾五十四人庫車二十八人哈喇沙爾二十人

八旗通志馬齊傳康熙二十八年十一月河道總督馬齊

疏言喀爾[illegible]佐領與內地蒙古視爲一體臣見理藩院
案册祇用滿洲蒙古文並未有漢字請嗣後兼用以昭
畫一下部議如所請添漢字堂主事二員繙譯漢字滿
洲筆帖式每旗各一員案北徼之事以漢字寫檔册自
馬齊發之　欽定方略蓋仿於此也
國朝回部一如蒙古之制設札薩克以理旗務從哈拉沙
拉以西諸回城皆設伯克其秩以三品至七品爲差共六
計大小伯克三百十有九人分管城村田賦水泉商稅
經典巡邏偵緝除嘉峪關舊部哈密吐魯番外若新疆

內屬者曰和闐曰闢展曰烏什曰庫車曰葉爾羌曰阿克蘇曰寨里木曰沙雅爾曰拜曰喀什噶爾曰哈拉沙拉等處以乾隆二十六年版籍計之共戶五萬八千三百四十九口二十一萬四千一百六十近因承平日久生育日衆廬舍稠密人烟亦輻輳

朝鮮言語設譯生廿人於各旗朝鮮子弟內選充習回回西番書設西域館譯生四人暹羅緬甸蘇祿南掌書設百夷館譯生四人均於順天府屬儒童內選充

蒙古遊牧近山河者以山河為界無山河者設鄂博為界

按鄂博者壘石爲址也定例婚姻以時嫁娶聘物以馬二牛二羊二十爲率少者聽多者罰聘定後婿故全還女故還半王以下有悔婚奪娶者罰之凡徵收所屬畜產二十而取一有乳牛五者納酥羊成羣者納氈丁至百口以上出車一牛一馬一濫徵者禁

定例外藩賫文赴部不由督撫轉奏者禁貢路各定地界不由正道越行他省者禁私買違制服色史書兵器銅鐵穀米焰硝油麻者禁江海相際越境漁採者禁陸界甌脫之區中外軍民設屯墾闢田廬逋逃寄寓者禁封

疆文武官通私書於外國者禁奉使出封多受餽遺者
禁
定例朝鮮貿易設市於中江喀爾喀貿易設市於庫倫準
噶爾厄魯特貿易設市於巴里坤及烏里雅蘇臺俄羅
斯貿易設市於恰克圖
定例貢使至京遇大朝常期之日　皇帝御太和殿王
公文武官朝賀畢序班引貢使暨從官各服其國朝服
就丹墀西班末聽贊行三跪九叩禮　賜坐　賜
茶皆如儀　皇帝慰問貢使以其國語對通事譯言

禮部尚書代奏畢引出　賜燕於朝房凡館舍一在御河橋一在宣武門內一在正陽門外工部備器具炭薪戶部交粟米芻豆光祿寺供脯資餼羊皆正卿少卿稽察而均調之所貢方物或輸內務府或入武備院或納鑾儀衛將歸　賜燕於館舍　頒賞於午門光祿鴻臚官率使臣行禮謝　恩　欽點引員送至各省會城督撫遣丞倅送出境經過地方憑郵符供備足徵我　朝禮崇柔遠之至意

定例貢期朝鮮歲至琉球間歲一至越南六歲再至暹羅

三歲蘇祿五歲南掌十歲一至緬甸賀蘭道遠貢無定
期凡進方物先由督撫具疏以 聞交部覆準
命下廼題禮遣入京
定例貢道朝鮮使臣由鳳凰城陸路入山海關赴 京師
琉球由福建閩安鎮蘇祿由廈門西洋由廣東澳門暹
羅由虎門浮舟於海以入境越南由廣西太平府緬甸
由雲南永昌府南掌由普洱府皆陸行款關至各省督
撫遣丞倅迎於邊界即令伴送至京師
定例朝鮮貢使從書狀官一人大通官三人護貢官二十

四人有賞從役三十人無賞惟廩餼而已琉球暹羅蘇
祿西洋貢舟無過三每舟人無過百赴京無過二十越
南緬甸南掌貢人同其不能赴京者留於邊境官吏廩
餼之俟使回率之歸國
蒙古回部喀爾喀等處各王貝罰例以五論者曰犍牛一
曰乳牛一曰牸牛一二歲牛曰犙牛一三歲牛以九論者曰
馬二犍牛二乳牛二牸牛二犙牛一爲去二二馬一七至九九而
止罰馬者自五至百而止以俸抵銷
蒙古回部喀爾喀凡聽訟邊內人在邊外犯罪依刑部例

邊外人在邊內犯罪依蒙古例八旗游牧察哈爾如之至於疑獄
及犯罪應罰而無力者均令設誓完結
國朝土司貢賦各因其俗其產以定制焉四川所屬土司
歲貢蕎麥牛狐皮貝母折等銀四千七百二十三兩馬
十有三匹折等銀三百十有二兩糧一千二百七十石
各有奇由屯衛州縣徵存廣西所屬土司歲貢馬折等
銀六百卅三兩有奇雲南所屬土司歲貢礦課及鹿皮
苧布折等銀一萬三千七百八十二兩有奇貴州歲貢
米穀馬折等銀二萬二千四百八十兩各有奇聞土司

貢賦近年困於官困於吏所有貢不苦於戔戔之貢而苦於貢外之貢也所有賦不苦於區區之賦而苦於賦外之賦也吟香書屋筆記摘錄

皇朝瑣屑錄

卷四十三之四十四

皇朝瑣屑錄卷四十三

嘉州 鍾 琦 洎農

異域五十八則

澳大利亞卽泰西人職方外紀所云天下第五大洲殊屬牽强不及英人取名爲妥善按大地之土泰西人分爲四曰亞細亞曰歐羅巴曰阿非利加此三土相連在地球之東半曰亞墨利加在地球之西半未載澳大利亞

澳大利亞者其地約數萬里在亞細亞之東南海國聞見錄謂東南隅有人迹不到處卽此土也其地廣袤爲

東南洋諸島之冠野番雜居亙古昏濛西班牙忽尋至此以爲搜奇天外而不知地球圜轉已至亞細亞之東南洋也荷蘭佛郎西爲鷸蚌之爭旋以荒曠棄之英吉利惜其土沃極力經營欲收效於後日可謂好勤遠略哉又按英人耕種僅海濱片土所占不過百之一二其腹地則奧草叢林深昧不測豈惟風土無從探訪即山川形勢亦無由乘軺歷覽英人謂此土雖荒曠而百十年後當成大國南海諸番島當聽役屬如附庸也近命名曰南亞細亞

歐羅巴幅幀不及亞細亞阿非利加亞墨利加之大但國多富強俄羅斯在黃海東岸其都曰彼得羅堡坍西岸者爲瑞國其都曰斯得哥爾摩瑞國之西爲瑙威其都曰格里士特阿拏坍南岸者爲嗹國其都曰哥卑的給迤東爲普魯士東部其都曰伯靈普魯士之西爲曰耳曼列國此歐羅巴之中原也曰耳曼之東爲墺地利亞其都曰維也納墺地利亞之東南枕黑海接亞細亞界爲土耳其其都曰君士但丁土耳其之南曰希臘其都曰典雅曰耳曼之南曰瑞士瑞士之南斜入地中海曰

意大里亞列國曰耳曼之西北臨大西洋曰荷蘭其都曰亞摩斯得耳登荷蘭之南曰比利時其都曰不魯舍拉斯比利時之東曰普魯士西部兩部夾曰耳曼之左右蓋普魯士本日耳曼所分今又合之通稱德國普魯士西部之東南曰法蘭西其都曰巴黎斯法蘭西之西南曰西班牙其都曰馬德里地西班牙之西臨大西海曰葡萄牙其都曰里斯玻亞法蘭西之西北曰英吉利其都曰倫敦左曰蘇格蘭右曰阿爾蘭此三島鼎峙海中

南洋諸島呂宋在臺灣之南再南爲西里百西里百之東
爲摩鹿加再東爲巴布亞大島西里百之北爲蘇祿再
西南爲婆羅洲由廈門趨七州洋過昆侖而南爲噶酉
巴明史稱爪哇再西爲蘇門荅臘大小亞齊在焉巴蘇兩島
相望之峽曰巽他乃歐洲要道也其東北有長島曰新
嘉坡曰麻喇甲稍西小島曰檳榔嶼元明時諸島朝貢
與滇粵邊徼安南暹羅南掌緬甸諸國同列藩服迨歐
羅巴人來游始以重幣賂土番購片土爲交易泊舟通
商傳教盤踞旣久徒黨益衆漸而攘其賦稅漸而刼其

君長漸而奪其土地百十年島夷翦滅略盡惟蘇祿僅存於是葡萄牙踞澳門西班牙踞呂宋荷蘭所踞西里百曰摩鹿加曰婆羅洲曰噶留巴曰大亞齊曰小亞齊而巴布亞荒島亦墾而闢之近年大小亞齊不服荷蘭荷蘭有鞭長莫及之虞兼以英吉利侵佔息力設埠市備糗糧諸島皆奉承惟謹而中國之南徼處處與歐洲交涉案昔之南洋爲侏儒之窟宅其種名巫來由今之南洋乃歐羅之逆旅履霜堅冰豈伊朝夕事勢之積漸蓋三百年釀成如此矣

墺地利亞當其盛時南北日耳曼意大里皆爲藩屬今則各樹其幟然墺地利亞雖衰弱嘗爲盟長疆域縱橫各三千里瑪加本其附庸亦大國也

瑞士分二十二部不立王侯推賢能之鄉紳而理之近交懽於德方逐教黨倣花旗立爲合衆國其地山水奇秀風俗淳古各鄉紳勵精圖治方興未艾也

英吉利得北亞墨利加其地袤延二萬餘里驟然富强後因窮兵黷武以軍精横徵暴歛乾隆四十年米利堅人叛之時紳士華頓盛告退官秩身還民服口讀農書決

意不出山衆再三請其主兵政華頓盛不得已率衆與英血戰七年屢蹶屢奮志氣不衰而英師老矣各國勸解於乾隆四十七年英割膏腴地與米利堅粤人所稱花旗國其勢與歐洲諸大國抗衡華頓盛爲創業之君不傳子孫分二十六國三部各設統領而以伯里璽天德主之爲合衆國四歲一易退位者與齊民齒又附近有國曰墨西哥亦爲附庸此亞墨利加之北境也按亞墨利加之精華在米利堅天時之正土脈之厚與江浙無異英吉利跨而有之可謂探驪得珠生聚二百載富

溢歐洲乃因橫徵暴歛而竟割與華頓盛所以上古英君不論疆域廣狹惟以人心爲本人心樂爲之用雖小亦强人心不爲之用雖大亦弱少康以一旅而興爲得人心矣商紂以四海而亡爲失人心矣故英君僭役而輕賦喜德而憚刑至於華頓盛起事勇於勝廣割據雄于曹劉乃不僭位號不傳子孫而爲推舉賢才有唐虞之遺風焉况息兵務農崇讓善俗故立國百十年以來行者無鋒刃之憂居者無誅求之困非大英雄大豪傑豈能臻此憑心而論不特歐洲之人物稱首予閱廿四

史中亦絕無而僅見者矣

米利堅合衆國額兵不過萬人分隷各關隘其餘除儒士醫士天文生外農工商賈自二十歲以下四十歲以上概聽官徵選給牌效用爲民兵自備餱糧器械無事各操本業有事同入行伍又設隊長領軍等官皆有職無俸每歲農隙集聚操演其民兵約一百七十餘萬丁但人多而調發少與古寓兵於農之法無異焉惟水師官兵俸餉歲給四百五十七萬圓守關隘之官兵以及礮臺城門侍衛等俸餉四百三十萬圓

按南海諸番之通中國自漢始而嶺南之榷番稅自唐始唐以前通番不過求珍異之貨誇王享之儀其重在貢而唐以後則榷其銀以益國用其重在市由唐至明中葉閩粵所謂番舶者不過南海小西洋諸島國非今日歐羅巴之番舶亦無所謂鴉片煙也然顧亭林郡國利病書南宋時已有錢幣漏泄之憂前明時已有奸民假冒之弊殆所謂勢有必至理有固然者歟古帝王不貴異物不寶遠物豈惟謹節制度杜侈汰之萌而防窺伺之患亦可謂深思遠慮矣以上六則吟香書屋筆記摘

錄

國初歐羅巴人航大西洋繞阿非利加過大浪山東泛南洋諸島而趨澳門水程約三萬里道光十六年由直布羅陀海口東駛入地中海至埃及之蘇爾士河登陸易大輪車至紅海復浮舟入印度海泛南洋入巽他峽至新嘉坡經安南達香港計程可減其半同治十二年法蘭西與埃及鑿蘇爾士開新河由是三萬里一葦可杭光緒初英人購買此河由敦倫四十日可達天津則火輪之神速也

阿非利加地土荒昧僅東北隅近紅海印度海地中海者曰埃及又名麥西曰努北阿曰阿北西尼亞等國稍通聲教常受役於歐羅巴案亞墨阿非二土之興衰與中國邊防無交涉

土耳其之南爲希臘國縱約五百里橫約七百五十里歐羅巴之開涫悶通文字自希臘始商周時希臘分十二國結爲同盟西漢時意大里亞之羅馬方强希臘亦屬焉後土耳其滅羅馬東王希臘地屬土耳其者四百年都雅典近因土政苛虐雅典之民不能堪嘉慶廿五年

逐去土酋土人以兵攻之雅典堅守不下英法俄三國
壯雅典各以兵擁護之土耳其無奈何乃聽其自立爲
國卽今之希臘也

順治十二年乙未俄羅斯察罕汗始遣使來貢　上嘉
其誠款頒　勅諭令來使齎回國是年尚書明安達
哩討羅刹至呼瑪爾城頗有斬獲旋以餉匱班師見方
略案羅刹乃俄羅斯所屬也見盛京通志

康熙四年乙巳羅刹八十人入索倫部取貂皮擄婦女將
軍巴海襲而殲之見柳邊紀略

四夷考康熙十五年俄羅斯察罕汗遣使臣尼果賴等進貢方物表詞雖恭順該使臣行止悖戾案唐書開元初大食國遣使臣進貢謁見不跪有司將劾之中書令張説謂殊俗慕義不可寘於罪元宗赦之使臣臨去又言曰吾國拜天見王無拜也有司切責乃下拜今尼果賴等行止悖戾未見御史奏劾雖

仁皇帝德洋恩溥嘉其嚮化之誠恕其妄誕之舉而御史必直言讜論以折其驕色傲氣使知中國有人竟含默不語者讀唐書是猶晉傳迪而不解其義歟

俄羅斯人來邊境者　國初呼爲羅剎康熙二十四年踞雅克薩城　上命副都統公彭春往討師薄雅克薩遣人以書諭降不從軍其城南集戰船於城東下三面積柴爲焚城狀城中大驚其酋額里克舍窮蹙乞降乃宣　恩諭宥其罪額里克舍引六百餘人稽顙謝卽從去時彭春奏陸行自興安嶺以往林木叢雜途逕窄隘冬雪之時沙結冰堅夏雨泥深淤阻惟輕裝可行水程自雅克薩還至愛鏵城於黑龍江順流行舟僅須半月兩岸可縴挽若逆流行舟須三月較陸倍期而於運

糧礮爲簡捷請建木城於黑龍江呼瑪爾謂兵千五百
往駐造舟運礮又選福建投誠善用藤牌兵四百人助
勦當此泰山壓卵北海澆熒蠢兹島夷一鼓可下且使
降人爲鄉導即犁庭掃穴何難而我 聖祖猶宣諭
諸將謂中國兵馬精强器械堅利羅剎勢不能敵歸誠
時勿殺一人俾還故土 祖宗朝義征仁育懷柔遠
裔至此他日出使虜廷者稱述舊典或猶足壯我威稜
感動異類也詳見 國史彭春傳時務所關特錄於此
皇朝文獻通考康熙二十七年三月 上命內大臣索

額圖都統佟國綱尚書阿喇尼都御史馬齊護軍統領瑪喇等往尼布楚與俄羅斯大臣費岳多羅定議邊界歸我雅克薩尼布楚諸城一以北流入黑龍江綽爾納即阿倫穆河相近格必爾齊河為界循河上流以至於海凡山南一帶流入黑龍江之溪河盡屬中國山北一帶之溪河屬俄羅斯一以流入黑龍江之額爾古納河為界河之南岸屬中國北岸屬俄羅斯

威伊克阿林東北大山也上無樹木惟生青苔厚常三四尺 國朝康熙二十九年庚午又與俄羅斯分界

上命固山額眞巴海等分三道往視一從亨烏喇入一從格林必拉入一從北海邊入所見皆同（時方六月大東海尚凍）立碑於大山上碑刻滿洲俄羅斯喀爾喀文此事一統志盛京通志皆不載惟見楊賓柳邊紀略（按楊賓當時親至其地所記必有本）

康熙三十二年癸酉議準俄羅斯人來京安置俄羅斯館不支廩給限八十日起程

會典事例云康熙三十二年王大臣覆准俄羅斯察罕汗奏文與外國體式不合應將貢物奏文發還　上謂

該國地遠不知中朝制度宜加涵容以示懷柔應將奏
文矜謝處曉諭使臣嗣後該國奏文先令黑龍江將軍
閱看若有不合卽由邊地駁回其奏准到京者先令使
臣於　午門前跪奉黃案行三跪九叩禮殊俗慕義
凡　恩賜照常又按　睿皇帝實錄嘉慶十五年
三月　上諭俄羅斯使臣至庫倫時勿令行三跪九
叩禮與此不同者蓋　睿皇帝因時制宜不執成見
聽其爲羈縻之國以免擾邊病民足徵量符乎天地德
冠乎古今矣

康熙五十一年五月圖理琛姓阿顏覺羅氏先世葉赫人以原任内閣
侍讀奉　命出使土爾扈由喀爾喀越俄羅斯國至其
地五十四年三月回京復　命所撰異域錄内述其道
里山川民風物產以及應對禮儀恭呈　御覽　上大
悦其書冠以輿圖次隨日紀載見聞而體例畧如宋人
行記但宋人行記以日月爲綱而地理附見此則以地
理爲綱而日月附見得蒙編入文淵閣全書中
龍沙紀畧康熙五十五年丙申俄羅斯來文二函一彼國
字一蒙古字　大清一統志康熙三十二年與彼國立

和約互市交易設界立牌亦勒五體字一清文一漢文一蒙古字一拉提諾字一俄羅斯字是猶越裳入貢九譯乃通與此相類耳案俄羅斯爲元太祖於宋甯宗時所滅封其長子朮赤爲王以鎮之傳至明嘉靖間爲俄羅斯之族依番瓦什里魚赤借兵復國自號爲汗此俄國稱汗之始見北徼世系表是以語言多同蒙古文字亦兼習托忒托忒即託多乃準部字見朔方備乘若拉提諾則歐洲各國公共之字體俄羅斯教門技藝皆學歐州宜其諳習於是也

國朝與俄羅斯互市凡三曰京師曰黑龍江曰恰克圖案

康熙三十二年察罕汗遣使入貢　聖祖令其隔三年來京貿易一次不得過二百人在路自備馬駝盤費所帶之物不令納稅犯禁之物不准暗賣此京師互市著令之始也（乾隆二十年御史赫慶奏互市祇宜在邊境遂改於恰克圖）黑龍江自康熙二十八年立碑分界每年派齊齊哈爾城墨爾根城黑龍江城（黑龍江省會在齊齊哈爾稱黑龍江者總名也此處設副都統以蒞其治通稱其地為愛呼以附近愛琿古城音轉琿為呼也城在齊齊哈爾東北八百里）等處各遣大弁巡察邊境因各以土產貿易（以馬牛皮毛玻璃而易中國緞布煙草薑椒糖錫）無遠省之商無奇技之貨故未專派大員此黑龍江互市

之始也菊海以南燕然以北商賈皆萃於庫倫所屬之恰克圖自京師北行二千八百八十里至庫倫由庫倫北行九百二十里至恰克圖其地有芳草長堤紅桃綠柳宛然中華風致非復黃沙白茅之區與俄羅斯毗連所有交易出納雍正五年　命庫倫大臣司稽覈焉此恰克圖互市著令之始也見海國圖志綏服紀略異域錄

皇朝通志雍正五年遣郡王策凌侍郎圖理琛等會同俄羅斯使臣薩瓦勘定疆界並設卡倫五十九座之（國語謂喀倫）

極東之十二卡倫歸黑龍江將軍統轄派索倫官兵戍守迤西之卡倫四十有七以喀爾喀所屬蒙古量其游牧遠近每卡倫設章京一員率官兵戍守（按尚書有慎固封疆之文周官有掌固司險之職漢制邊郡皆設亭障此即國朝安設卡倫所由做也又交界隙地處皆立石堆稱曰鄂博亦番侯望之所稱曰臺）

雍正五年定例中國行俄羅斯之公文仍照從前用理藩院印信咨行俄羅斯薩那特衙門（按薩那特如中國總督）俄羅斯行中國之公文用薩那特衙門及托博勒城守尉印信（托博勒城乃錫伯利部總管噶嚕林所駐也）咨行中國理藩院衙門

雍正五年四月八日　上諭凡中國外國所設之教用之不以其正而爲世道人心之害者皆異端也如西洋人崇尚天主夫天以陰陽五行化生萬物故曰萬物本乎天此卽所謂主宰自古以來有不知敬天之人乎有不敬天之教乎如西洋教之敬天有何異乎若云天轉世化人身以救度世人似此誕詞乃借天爲名蠱惑狂愚率從其教耳此則西洋之異端也朕思西洋立教之初其人爲本國所敬信或者尊之如天儻謂立教之人居然自稱爲天主此理之所無者又云昔年其人創設

固非凡夫俗子必有可取方能令人長久奉行至後世末學敷衍支離而生無理悖謬之說遂成異端矣與其教有何涉乎中國有中國之教西洋有西洋之教彼西洋之教不必行於中國亦如中國之教豈能行於西洋云云煌煌 上諭昭昭 綸音可使傳教者褫其狂魄從教者醒其曬魔矣

俄國稱其王男爲察罕汗謂王爲汗也女爲抑肯汗按抑肯乃蒙古語謂女子也以妻嗣位則曰哈屯汗蒙古語哈屯乃夫人也見四洲志及北徼世表

乾隆二年監督俄羅斯館御史赫慶奏言俄羅斯互市祇宜在於邊境其住居京城者請禁貿易惟令以貨易貨勿許用金銀在京城讀書子弟亦不可任其出入使知中國之輿圖情形見四夷考按從前監督乃御史之專差後改理藩院司員充由堂官僉派至赫慶所陳亦杜漸防微之意查該國志大元海眾猛漁陽恐其借名讀書暗行窺伺況平日並無款塞之心他年必有猾夏之患也

乾隆四十一年十一月　上諭刑部奏駁李質穎咨稱

革監倪宏文賒欠英吉利夷商等貨銀萬餘兩無還問擬杖責宋協議將倪宏文改擬枚流監追在案並明降
諭旨將李侍堯申飭李質穎交部察議令將倪宏文查産變抵仍勒限一年監追再照部議發遣如該犯限滿不完即令該省督撫司道及承辦此案之府州縣官於養廉內照數攤出並傳　朕旨賞給該夷商收領歸
國以示體卹矣此等夷商冒險而至自應與之公平交易若內地奸民欺騙尤當如法訊究乃李質穎僅將該犯薄懲而欠欵則聽其自行清結竟令外洋孤客負屈

無俾豈封疆大臣懲惡綏邉之道且朕此番處置非秖爲此事葢有深慮漢唐宋明之末季昧於柔遠當其弱而不振則忽而虐侮之及其强而有事則又畏懼而調停之姑息因循卒致釀成大害而不可救宋之敗明之亡皆坐此病更不可不早杜其漸廸等因仰見 聖心如鑑空衡平葢綏邉之道先求所以安之有言責者於此 上諭可不敬讀而深思乎

乾隆五十四年俄羅斯所屬之哈哩雅特槍斃巡兵齊巴克經理藩院遵 旨飭辦五十五年俄羅斯捕獲賊

齊巴克之罪人送恰克圖會審　命松筠前往訊實即於界所將罪人正法從犯發遣當時外夷於中國聽命惟謹自咸豐以來無所懼且無所懲往往强賓壓主但不敢如日人之挾制朝鮮耳按光緒八年朝鮮民有毆日人者該國大臣詰問朝鮮而朝鮮恇怯遂懸示城門云凡撻日人者死無赦噫苟從其輕而僅罵日人也罪亦至於流矣倘從其重而竟殺日人者罪且極於族矣似此恇怯與養癰忍蠹有何異焉以上三則吟香書屋筆記摘錄

俄羅斯本居匈奴之北境兼有城郭不盡爲游牧部落然分部之法見於諸書可考而知也夫俄羅斯之始特西海一小國耳漸肆蠶食而鄰邦多爲所併以現在境土考之惟大俄羅斯一部係其舊壤他如波羅的海東部則瑞典國地俄羅斯取之而西北之境拓矣西俄諸部皆波蘭國地俄羅斯奪之而西南之境恢矣併阿速以爲南俄諸部併葱鹿葱也以爲高加索諸部則俄羅斯之南境直與波斯土耳其接壤併喀山以爲加屡諸部併錫伯利以爲托波爾諸部則俄羅斯之東境直與我

藩屬哈薩克喀爾喀索倫接壤故近年以來其部落之分合改隸有迥異於疇曩者見朔方備乘

土耳其本回部大國疆域在亞細亞內合計縱橫約四五千里古時皆羅馬地史記謂大秦國是也性健勇尤好擄掠俗無彞倫政無綱紀與俄羅斯搆兵累戰累北乾隆五十四年都城被圍急英法諸大國救之乃免從此奄奄不振有亡徵焉

乾隆五十八年癸亥八月　上勅諭英吉利國王據爾國使臣稱爾國貨船欲至浙江甯波及天津廣州收泊

交易向來歐洲前赴天朝交易俱在澳門設有洋行收貨發賣遵行多年並無異語其甯波等處海口既無洋行又無通事不能曉爾國語言諸多窒礙除澳門仍準照常交易外所有懇請向甯波等處收泊交易皆不可行又據爾國使臣欲在京城立行發賣做照俄羅斯定例京城為萬方拱極之區體制森嚴並無外藩在京城立行者昔俄羅斯在京城交易因未立恰克圖以前給屋暫居嗣因設立恰克圖以後遂未準俄羅斯駐劄現在俄羅斯在恰克圖交易即與爾國在澳門交易相似

爾國既有澳門暢銷貨物何必越境妄費是京城立行
亦不可行即此足徵　純皇帝於外夷凡天朝法
制彼關涉不從曲所請原以杜民夷之爭論立中外之
大防也爾時政令整肅英吉利首鼠喙伏不敢不凜遵
矣
乾隆五十八年癸丑八月　上又勅諭英吉利國王爾
國所奉天主教乃歐洲各國所奉者天朝自開闢以來
聖帝明君垂教創法四方億兆率由有素不敢惑于異
說即在京當差之洋人亦不准與華民交結習染今爾

使臣意欲任聽洋人傳教尤屬不可於此以見純
皇帝杜漸防微所以侃侃而拒之案乾隆癸丑至道光
壬寅此五十年中該教因純皇帝華夷之辨甚嚴
有如皦日清霜故不敢明目張膽以逞惡迨海禁宏開
從之者愈衆論其害甚於水火盜賊幸投彼者皆闒茸
庸流無關輕重所慮奇才異能之士鹿思走險燕慣依
人效張賓爲趙秘畫張元爲夏僭謀導虎號林教猱升
木豈非中國有失包括英髦牢籠豪傑之過歟
羅馬教化王統屬九國其勢甚强道光二十八年威克妥

耳斯馬努羅馬所屬薩爾的尼亞之王嗣位能中興咸豐十一年遂爲合衆國復故號曰意大里亞史記所稱大秦是也取羅馬都之與教化王同城而居頗能收教化王之權矣今在上海交易立有和約設領事

亞墨利加之南境有大國五曰巴西疆域縱横皆約九千里地勢平衍物產豐腴其王乃葡萄牙之裔不屬葡萄牙道光末來粵通商產寶石金剛鑽商旅羨爲樂土曰智利疆域南北四千五百里東西僅五百里土田肥沃產金銀其民多攻礦以農功爲急務故稱富庶異於祕

魯之荒本逐末也曰可侖比亞疆域縱橫皆五千里俗怠惰嗜賭田產蕩盡不悔曰玻利非亞疆域皆三千里銀礦最多俗名高祕魯而呼祕魯爲下祕魯道光五年自推選長官不立國王按祕魯又稱孛露同治朝來粵交易疆域長約五千三百里廣約二千六百里俗同可侖比亞好逸好酒好樗蒱產金銀銅鉛不屑耕稼故地壤多咸荒蕪凡凶歲待哺嗷嗷按米利堅產穀棉而以富稱高下祕魯諸國產金銀而以貧聞金玉非寶稼穡維寶古訓昭然惜荒裔未聞之所以閭閻蟲寒而鼠餓

也

歐洲行兵專恃火器兩軍交轟萬馬騰蹴於是裂山嶽沸波濤不難殺人盈城積骨塡海殊屬慘烈之至孟子曰善戰者服上刑況智巧愈變機詐愈深天地間未有物極而不反者矣嗚呼不以大德宰之元氣安能久長也哉

歐洲天主教有化身之說殊屬悖謬按雍正五年四月八日 上諭天主既司令於冥冥之中又何必託體於人世若云奉天主教者即爲天主後身則服堯之服誦

堯之言者皆堯之後身乎　上諭煌煌可謂發聾振
聵所以嘉道間從彼教者皆愚夫俗子稍有一知半解
者不必孔孜孟拒亦知其異端邪說也自海禁宏開從
之者如蜂狂蟻聚甚至生監因家累而投之據予所見
所聞此輩平日處鄉黨非口嘗穢糞而不羞即手拂污
衊而不恥者雖煽惑千萬人與無用之匏瓜有何異焉
以上十六則吟香書屋筆記摘錄
撒哈拉沙漠南北距三千里東西距六千里人騎駱馳成
羣結黨而過所慮疾風吹起塵灰障蔽人畜耳中間有

膏腴地名斐散其城名木耳蘇革由德利波利設總督
綜理按德利波利人民一百三十萬歸土耳基所屬
阿拉斯嘎地土肥壯前屬俄羅斯於一千八百六十七年
賣與美國給價銀七百四十萬圓此亦罕見罕聞
中國所用之洋錢多由美希哥而來洋錢面上之洋字即
是美希哥國名反面是自主之冠冕冠冕邊之洋字即
是自主其意非他人所屬之國也按北亞美利加洲除
美國外美希哥人民有一千二百萬較革林蘭伊斯蘭
西印度羣島尤富庶故誇詡如此

革林蘭人民造房屋冬用冰塊不用土木夏用皮爲帳幕
冰房屋內以魚油點燈因房屋小而不透風反溫熱
華人貧苦者流寓美國約十萬衆十分之九是粵東人該
處舊金山卽聯邦嘉釐符尼亞省產金銀故極富饒而
開墾曠土種植穀蔬尤以農爲上利皆僱華人爲佃傭
然工價亦昂按月可得二三十金同治丁卯興築鐵路
自內地以及西南太平洋俾與東洋埠市並相聯接直
達舊金山又招集華人七八萬前往効力共修鐵路二
千四百里凡崇山峻嶺俱爲剗平如脈絡之交縈如川

流之相貫無處不環通連屬也

美國東北有大城名牛約革附近牛約革之大城名伯魯革林美國修大鐵橋連絡以通聲息費洋銀一千六百萬

美國十分之九奉耶蘇教十分之一奉天主教所屬黃石林山水幽雅有熱水源甚多或湧濡飛濺或倏來乍去其樹木有四十丈高者或直如繩或曲如鈎或蔓如附或偃如傲或圓如蓋或深如幄或參如鼎足或竝如欽股名不可以盡記形不可以殫書也美國總統嚴禁不本

地人損傷遵者罪之

錫蘭一島爲佛祖始生之地今爲英人所據禁尙釋教飭人民改習耶蘇教予友人黃豪伯嘗過錫蘭游覽謂其人皆愚魯噫慧光將熸於支那而淨土又滋以他族盛衰之感豈有常哉則佛所謂象教三千年而滅者或在是歟

曰斯巴尼亞所屬支伯拉德城其地勢天造地設東西南皆水惟北通旱路近爲英人所據視如得蓮城拱璧凡要害地方多築礮臺護守廣開金銀銅錢礦以資軍需

設書院醫院孤老院慈幼院以及瞽人局喑人局瘋人
局聾人局而留養之至於聾人所讀之書其字在紙面
分高低使其摸誦按英國版圖遼濶猶窮兵耀武拓土
開疆但處處爲國計民生起見所以方興未艾也
新金山即澳大利亞島在南洋中今爲英人所據其地產
金之夥生物之衆貿易轉輸之廣人民聚集之繁誠可
稱一大都會旅人足跡所熱至者爲新南維里斯英國
總督駐劄於悉德尼即粵中所呼雪梨也特其地廣袤
八九千里現居節次開墾而猶十分未闢一二惟是新

金山河泊絕少每患無水牟利者鑿井以居奇近聞法
郎西人至阿爾及地爲旅見其民恆苦無水法人學得
鑽地之術不論何處皆可見泉且不大費力名曰亞低
井蓋法人始造之於亞低地也於是土民汲煮淘洗咸
有取資似此法亦可行於新金山以免無水之虞
葡萄牙前王約翰遣臣尋覓新地得亞非利加之海濱其
子又據阿梭耳瑪德拉各羣島其孫又獲印度並得南
亞美利加之東西共縱横二萬二千里且聚商賈於利
斯笨城屯積貨物於是府庫充足英國側目垂涎亦欲

船至該處設立埠市逾時不久葡萄牙因有內亂所得膏腴地竟棄爲荒郊曠土而英國畧爲開闢至今大富其利葡萄牙之列祖可謂爲他人壓綫作嫁衣裳者也英國所管印度地方四分之三各小國所管僅四分之一中國至英京由上海六日抵日本横濱經太平洋行十六日至裴多利亞城此處上岸走鐵路其鐵路從裴多利亞橋起程因散勞連斯河甚濶有六里長走鐵路六日至哈利法斯再坐船經大西洋六日至英京

俄羅斯京城名散備德伯多奉希利尼教其街道十二丈

寬房屋華麗京城與摩斯瓜城之禮拜堂構以金銀絡以珠玉

大小西比利亞疆域同歐羅巴與中國交界其天氣冬日長而冷夏日短而熱今屬俄羅斯所以俄羅斯幅幀遼濶

俄國女皇喀特利尼在位三十四年從耶蘇一千七百六十二年至一千七百九十六年時與法勒他耳有密函又請法國之博士底德家至京設立書院更正律法治國有才畧惜與嬖臣私通使嬖臣僭擬君王按所定新制俱是恤商惠民因己身不潔所

行不端人暗呼之爲野鬼而非堂燕也
大小呂宋國有賭博局官員設呂宋票以賣之傳染至中國捘千人空費銀錢一人自得此粃政也光緒間中國禁止稍歛跡又呂宋附近之加拉巴地土肥美樹木蓊翳所產竹有八九丈高
同治十一年蒲星使奉　命至歐洲力欲置中國於萬國公法中各國皆樂從區區管見必我國富兵强舟車槍礮一切如歐洲而後可否則亦徒托諸空言耳
歐洲務爲遠大以樹聲威我中國並其近者而置之此其

所以自域也如南洋於前明曾入貢今南洋如新嘉坡檳榔島等處皆有閩廣人一二十萬營販其地而中國悉棄之度外其遠者如澳大利亞嘉釐符尼更無論矣今應設立領事官以維持而整頓之誠以內顧藩籬外聯聲勢非於中國無所利者也

歐洲政令上行而下達朝令而夕頒速如影響捷同桴鼓所以然者有日報爲之郵傳也國政軍情洪纖畢載苟得而徧覽之其情如眉列指示中外互市各口大小官吏咸當留心於西事舍日報一途無繇可入宜譯西事

爲漢文日報者所以通外情於內也
歐洲所造舟車槍礮電報鐵路巧奪天工非中國所能及
但精神心血盡在於此亦未窺立治之本原者也中國
立治必推五帝三王以其文質得中風俗最醇人皆恥
機心而賤機事歐洲所行者皆鑿破其天是猶墨子之
籌守魯班之木鳶其術乃雜霸其政非純王也
歐洲立法之大謬者有三曰政教一體也男女並嗣也君
民同治也況藉口於祇一天主而上下之分疏祇一大
父而骨肉之情薄以彼較中國不啻雲泥懸殊矣

海禁宏開歐洲狼貪虎視緣士卒無敢死之志將帥無克敵之謀守禦無足恃之方財賦無接濟之礦而彼反易客爲主變勞爲逸誠心腹之患肘腋之憂也然則如之何曰一則靜聽其然以待天心厭亂一則勵精圖治以俟人事振興歷觀史册如鬼方獫狁匈奴羌胡回紇契丹女真蒙古等雖神州陸沈海宇腥穢然不久皆消滅敗亡誠自古無常强之國無常興之運耳以上二十三則吟香書屋筆記摘錄

皇朝瑣屑錄卷四十三終

嘉州 鍾 琦 泊農

異域六十五則

嘉慶三年佛蘭西國王拿破侖肆其雄心滅彌爾尼王（即今之比利時國）廢西班牙取葡萄牙四年兼併荷蘭瑞士日耳曼五年割普魯士之半奪墺地利亞藩屬七年敗英吉利圍墺都十八年燒俄羅斯舊都横絶四海毒施萬里自諸國救俄羅斯拿破侖始敗于墨斯科廿一年爲英所俘流於荒島於是諸國大會於維也納各反侵地修

好息民視葵邱衣裳之會宋號弭兵之盟負然大矣維也納乃墺地利亞都城其王為歐洲盟主

嘉慶五年部議俄羅斯送給恰克圖官員禮物酌賞紬段仍呈報庫倫大臣察覈開銷

嘉慶十年十月俄羅斯國商船由海至粤懇請赴關卸貨十一年正月　上諭俄羅斯止準在恰克圖通商今駛至粤監督延豐擅允進浦其咎甚重嗣後該國至粤貿易嚴行駁回以昭定制

嘉慶十五年三月喀爾喀王蘊端多爾濟等奏在恰克圖

會見固必爾那托爾據云俄羅斯欲遣人納貢仍請中國答使奉　上諭彼如恭順呈請納貢可速具奏倘文內有答使之語即以不敢具奏飭駁之據此可見

仁皇帝杜漸防微其　睿慮深遠矣

道光十八年　上以鴉片煙流毒中土欲飭阻遏

命臣工詳議邊釁有無窒礙奏覆某御史疏稱該國僅三島民窮兵弱且在七萬里外水遠山遙曷敢越軼猾夏其言得之洋商而洋商秖知綴術漁利所云朝廷之機要相其皮毛而已也海禁未開時中外情形如煙如霧甚至作書者有言長耳比肩

之民貫胸飛翅之國所說恢奇怪異何況洋商徐松龕瀛環志略英吉利於前明中葉取亞墨利加遂益膏腴之土驟致富强之邦迫南境割與米利堅所餘北境六七千里不甚肥沃幸前滅孟加拉乘勝席捲五印度拓地六七千里物產饒裕鴉片煙亦出此邇年貨船自印度來者十之六七昔曰之五印度求疏通而不得今日之五印度求隔絕而不能時勢變幻固非意料所及矣英人由印度所占者曰阿喀喇曰麻喇甲曰息力由緬甸所開者曰阿薩密部曰南洋澳大利亞大小島曰搦日曰倫敦其得地縱橫

各一萬四五千里此外所闢者阿非利加之西曰獅山亞墨利加之南曰牙買加曰安的列斯曰多米尼加曰多巴峩曰特尼答曰巴哈麻曰百爾慕他又共得地縱橫各二萬三四千里附近小島二百餘或斷或續或肥或磽未算光緒間滅緬甸亦益地三千里蓋東西南北其帆檣無所不到無所不睥睨其精華目前之倚爲外府者在于緬甸五印度某御史秖知三島在七萬里之外不知與我滇省藏地相首尾而聯脣齒也

宣宗成皇帝實錄道光二十五年十一月俄羅斯因换班

學生進呈書籍諸大臣謂不識字音請發還之　上
命收存於理藩院以俟暇日繙譯焉按書籍三百五十
七號每號爲一秩共計七百五十四本繪圖二十二幅
裝飾精工其後諸大臣於檔册中繙譯出來言彼國史
記天文地理武備算法踐祚典禮之書十之五耕耘種
植織染醫藥金石之書十之二字學訓解圖籍土產之
書十之二詩文天主教之書僅十之一而已外域俱以詩文爲末
事足備掌故考核是亦籌邊者所貴兼收並蓄集思廣
益耳

國朝聲教覃敷外洋安分守法不敢負　撫綏懷柔至意
乾隆年間粤省辦理嘆夷洪任輝等控案動輒監禁二
三年嘉慶戊辰嘆夷兵頭嘟路哩在澳門有犯禁令奉
上諭斷絕柴米不准買辦食物並未抗違即道光壬
午之命犯啡叮丙戌之命犯嗎嗱嘸嘛依律絞立決夷
人咸知震懾自道光庚子因時擾攘得肆猖狂蠢爾兇
醜不知國法爲何物矣
道光三十年俄羅斯分十路加元制曰波羅的路五部曰大
戚路十九部曰小俄路四部曰南俄路五部曰加森路

五部曰東俄路二部曰高加索路九部曰西俄路八部曰波蘭路八部曰錫伯利路八部此外監札加九部

咸豐丙辰冬兩廣總督葉在香港捗捕海盜傷斃英夷該酋法林格索賠銀葉不答始淺躁繼剛愎終不見機是以英夷據省城將葉擄去送往印度戊午英夷見中國不問不聞約集法蘭西自粵破天津當道諸公以營壘尚未固密允從和約五十六款該夷將天津退出駛往漢南勘定界址守土者以未奉明詔為辭其意主戰而不主和然宜戰於未和之先不宜戰於既和之後堂堂天朝失信於彼輩勝則不武敗則示弱此當道諸公之輕率處己未英國水

師提督波伯法國水師提督德黎浩因去歲未能踐約以寡信責我率兵艦至京過北河中國發礮轟斃該士卒四百八十名其酋遁回羊城當道遽聞此耗以為小懲大戒不知其心則忠其意則快而未為國家計安危者也夫惟能措已於安而後能制敵於危今此次之戰而倖勝豈國家之福哉恐從此兵連而禍結矣尤可笑者粵省為英所據該處大吏居佛山鎮自丙辰至戊午未聞發一卒建一策以此事如何籌畫而入奏者其意視粵省之得失無與於朝廷之輕重耶朝廷防剿之當否無與於粵省之休戚耶每念及此諸臣誤國之罪則雖杜鄭之戮不足以蔽其辜也

庚申英法上寇焚燬　淀園京城失守　皇駁播遷

凡忠臣義士莫不切齒痛心臥薪嘗膽共期雪此大恥

也案粵省大吏見洋兵之調集番船之出入竟壅於

上聞內大臣亦無籌備去歲北河發礮不念該夷報復耶突見其至

議論紛囂雖有以主和爲非者而不求所以不和之策

有以主戰爲是者而不求所以能戰之謨幸恭邸繁文

縟節以牢籠之虛聲恫喝以羈縻之該夷恐援兵勤王

當退出京城怨釋而盟成矣盍猛敵𧑄生羣雄麻沸時[illegible]

常松鎮及浙江全省皆淪陷秦隴川楚滇黔粵閩盜賊充斥不遑與之戰也恭邸北[illegible]

舉豈惟未失國體不開邊釁且審機以應變蓄力以待時耳當時儒臣中有拘牽義例罔識變通者猶執春秋尊中國攘外夷以爲言恭跡不答之嗚呼此輩誠不知古今之情勢者也

咸豐十一年辛酉軍機王大臣等具奏歐洲各國使臣駐京奉 旨允行案英人於乾隆間曾請駐京矣其時 高宗純皇帝賜書斥絕彼即俛首怵心毫不敢較其後英人中國方際盛强海禁雖開各國皆遵約束故貿易粵東屢有齟齬輒遭大吏挫折彼卒未敢動也是豈昔馴而今倨昔順而今逆蓋其時米利堅義民畔於

內法蘭西强鄰壓於外國勢焦心支持棘手迨米法和睦似可逞矣又竭其心思謀力以圖印度　宣宗成皇帝中葉經營印度已有端倪君位益固國勢益興於是遂有禁煙之釁然猶未敢多索恐過難則我之議和未必遽成也其後戰勝大俄克取波斯心滿意足遂有今日之變是以啟釁在丙歲詣京則在今春徘徊不進躊躇而發者前後五載然後畢力於我中國舉百年來欲成之志至今日而始酬焉是其處心積慮并力籌謀爲何如哉案和約三十六條其最大者曰使臣駐京曰腹地增埠夫中外貴乎隔絕彼處輦轂之下

則我一舉一動一呼一吸彼皆聞知凡有干請可自直達勢不容以稍諉其害有不可勝言者至於江漢腹地據上游之勢南控皖豫北連關陝一旦有警長江非復我所能有黃河以南非復我所能爭由是觀之駐京則彼之權重於內增埠則彼之勢重於外皆有肘腋之慮心腹之憂也

定例英吉利與我互市則有海而無陸俄羅斯與我互市則又有陸而無海案俄羅斯地袤二萬四千八十里與中國首尾相接自咸豐辛酉重立和約後該兩國不分海陸凡貿易之要津為彼輩之闤市海船估艘鱗萃羽集以時局察之而中外通商將與地球相終始矣此時猶曰徙戎攘夷者眞是井底之蛙圈中之鹿也

通商條約載外國使臣入覲拜　大皇帝同治三年甲
子始遣三品銜斌椿出使歐州見其各國王進退三鞠
躬而已蓋入境問俗禮從其宜我有拜跪之禮故彼來
則從我之俗彼無拜跪之禮故我往則從彼之俗蕭望
之曰荒服來服無常宜待以客禮緣古帝王之待外國
但論事理之曲直不責儀文之隆殺也

同治八年己巳法人爲傳教增埠與我搆兵粵勇在潮州
與法人楞腹苦戰喋血於狂風巨浪中粵勇傷殘雖衆
然法人自是不敢內窺遂飄竄天津當道因內地有警

暫且牢籠羈縻庚午春該夷酋議和欵肆行要挾忽聞彼國與普交鋒其王兵敗於師丹爲普所虜天津之夷酋乃草草成約而去蓋法得志於中國日益甚遭忌於鄰國日益深耀兵於疆埸之間而伏戎於蕭牆之内也

案法國爭立西班牙王子與普搆兵普糾合南北日耳曼共出師一百三十餘萬長驅直入所向皆捷法軍傷者十餘萬亡者二十餘萬俘者三十餘萬尸積如山血流成渠過於秦楚鉅鹿之戰其王困守師丹爲普所虜普圍其都城一百四十二日糧絶援窮法不得已議和割兩省地均隸普國版圖且賠償軍餉計佛狼五千兆分三年交清又案五千兆合呂宋鷹銀爲九萬六千萬圓合中國六萬七千二百萬兩其賠償如此之多是役也若茲法國耗欵而計之尤不可勝算黔金無術仍取於水火兵燹之殘孑爾時災黎其狀則搶地呼天其苦

則剝膚吸髓矣

同治九年庚午冬閱香港電鈔秉筆者謂法人因師熸王辱於普嘗存報復然法有報復之心則普有防維之術法一日未嘗忘報復則普亦一日未嘗疏防維况銳挫者發不利勢去者氣不振法此番隳城垣焚室廬閼井邱墟生靈塗炭雖加勾踐臥薪嘗膽燕昭禮士求賢必待十年生養十年訓練始可以言報復耳又香港電鈔謂普得志恐其侵占中國案普與俄交懽方密不惟法有所懼即英亦有所憂惟我中國無關係蓋普但能弱

法謀英以駕馭歐洲而不得爲中國害者以其地距中國遠也（普魯士更名德意志粵人稱德國在香港貿易從未滋擾）所慮俄藉普以牽制法英而彼乃經營於黑龍江或逞其伊犁或肆其日本則中國其患尤大近年彼取日本塞嘉滋達島其奸謀詭計則已藏頭露尾也

同治十年辛未五月十七日俄羅斯取伊犁城有 旨派將軍榮全馳往查辦憶咸豐十年間俄羅斯以洋槍洋礮等物求易鴨綠江外地廣袤七千二百里 朝命允之（此舉軍機大臣失策）查該處沙漠蒼茫松榆茂密且氣候甚異、

人煙尤稀似此外地唐高駢所云得之如手加駢指棄之如領去贅瘤九牛之落一毛六馬之亡半毛是也然

列聖謨烈相承垓埏化洽何以軍機大臣不護惜委而去之以啟窺伺之心攘奪之漸矣光緒廿一年三月中日和約倭人亦以此藉口又按鴨綠江外地自給俄羅斯後而該夷建城垣設埠市招商交易屯田養兵往者肩摩于道游者趾接于途居然成耕鑿芻牧之土也蓋人無良匪教化則馴地無美惡經理則善雖該夷積慮深謀亦足徵其有鴻才碩畫耳

同治十一年壬申香港電鈔普國駐守巴黎斯要隘之將士由法人供給所費甚鉅原擬賠款償清方撤師回普

國王示意如法人先還其半以地作質屆期交界亦無不可法人大喜遂傾橐解囊集腋成裘即此亦足以覘該處風俗也但自遭喪敗軍糈支絀凡徵收計及細微而局士條程有稅及樂器者有稅及讌會者謂其人之有餘者始能靡費於是埠市譏刺謂稅樂器則當論音之清雄以定貲之多寡如是則會堂宣講之士亦在所捐之例若某優唱花面其發聲如洪鐘則將稅若干耶傳聞遠近竟成笑柄夫國家當籌財孔亟之時其所以謀畫者立法必從其大行法務得其平倘纖毫無遺搜

括過甚不惟徒朘民膏以傷元氣且有關國體而播劣
名也
光緒辛巳七年三月據滬上日報英國修造印度之鐵路
逾克什彌爾漸推漸廣自創始咸豐乙卯此二十七年
中共有二萬七千九百七十五里之長每日用人需十
五萬五千七百三十四名統計費銀一萬二千九百零
九萬八千九百六十四磅查同治辛未時每三里鐵路
該國需銀一萬六千四百四十五磅自同治壬申以來
每三里需銀一萬三千八百四十五磅曾減二千六百

零一磅客貨雲集稅餉日增該國每年約收車價銀二百萬磅因權其母以得其子且近者悅而遠者來也但層層進步咄咄逼人修過科爾喀將近藏地之扎什倫布等處轉瞬築至魚通不惟蜀南成豺狼雜處而迤東亦猰貐迭居從此疆埸無磐石之安邊鄙莫藩籬之固偶爾興想令人一撫膺一流涕矣

道光壬寅與歐洲通商後歐洲官紳摩肩接踵而至中國凡山川之險夷疆域之廣袤阨塞之緩急關堡之舉廢斥堠之有無士馬之羸壯槍礮之利鈍屯積之多寡莫

不掌中見果指上分螺其心深其謀遠也惟我中國則不然彼游而我不游彼歷而我不歷彼繪圖而我無圖可繪彼立說而我無說可立是以彼之情形在我如濃霧我之情形在彼如列炬矣聞李傅相嘗欲遣使分駐列國以通聲息爲軍機大臣阻遏雖同治甲子 命斌椿出使英法俄而微員末秩案月僅給薪水銀一百兩往返三百日游歷七萬里匆匆役役所作乘槎筆記無非相其皮毛言其富麗而已迨光緒戊子始遣京曹分駐 命光祿寺卿龔照瑗坐探英法義比等國 命太僕寺卿楊儒坐探美

日秘土等國 一命工部左侍郎許景澄坐探俄德奧和等國從此按公法以審其是非按和約以判其曲直保内民而禦外侮以免其隔閡使臣之所繫不綦重歟

法蘭西新造礮如西瓜形量敵營之遠近雖六七里外必轟至敵營而始裂見歐洲游歷記歐洲人能製飛車其法以皮爲船有樞紐以吸氣人入其中持槖籥機緘而鼓盪之氣則滿滿則上升可飛入雲表甕牖餘談謂之輕氣球昔吕宋攻英吉利用飛車載兵上升焚其城邑英夷懾服議和後英夷知其法而習之復攻滅吕宋英夷所以强者往往於敵

之技藝師其所長不取其所短獲其所益不受其所制也見王壽同隨筆俄羅斯善鳥槍其受藥筒中凹凸如梅花不圓與內地迥異見黑龍江外紀俄羅斯所屬薩加社部造甲最堅能禦銃彈見俄羅斯總記俄羅斯二十年以來廢棄弓矢見異域錄惟操習槍礮見綏服紀略蓋當今以火器為先而中國武考尚取弓矢所試非其所重所用非其所習何以不及外夷尚能善於變通急於要務也

華人好侈談嘗藐視日本為小國為葛爾為島夷案皇清通考日本幅幀東西南北各數千里有五畿七道

三島一百十五州統五百八十七郡自道光間吞噬附
近大小島七十二處大者約五六百里小者約二三百
里分計之其地固不大合計之又益版圖將近二萬里
況滅琉球臣朝鮮踞臺灣似此凶鋒虐燄豈可尚云小
國哉其國君以王爲姓自漢武帝至今歷世不易康熙
五十年日本建孔廟寰宇記風俗不盜竊少爭訟海錄
載日本敬祖先好潔輕生有犯法發覺者於荒山剖腹
自殺其王勵精圖治尊賢使能近飭聰穎之宦紳至歐
洲學習輪舟火車天文電報及戰守步伐槍礮藥彈練

之勤而御之整贍之厚而選之精且能禁鴉片天主教不入其境故歐洲各國皆敬慕而納交焉嘗以士子讀書習詩文毫無實際欲禁之因大臣諫乃止又改用歐洲字學國人苦於艱澀仍用華文而讀以倭音别造倭字就中華楷書減其冗筆耳案日本好吟咏有才氣横溢皆泉湧潮湧者其王欲禁之乃英武之君非儒雅之主也予讀廣瀨謙字吉甫所作梅墩詩鈔十二卷雖多不濫雖長不冗錄放言一首以徵其非風雲月露之詞也詩云庸醫使人死腐儒使理死人死復有人理死八紘否仁義有定名時勢無定理講名不知時所以爲拘上商君壞井田黎庶皆咎讐新莽復井田人心更不喜況我東方邦舊習本已甚繇要尚同宗公侯納義于國計就商謀戶籍向僧委若欲一朝更必爲禍之始況途著蠟屐乾路著草履苟能

移此術吾道無窮已宣尼說正名彼亦一時矣饒使生今特未必仍舊旨不見拒女人柳下惠風似

歐洲每有因辯論之事兩國爭持未能平允而又不欲先啟兵端於是知照該國且布告鄰邦謂某事本國未經應允特以不欲興師暫緩商酌英人名曰嗜嚕大司特無論虎狼之國見有嗜嚕大司特文牘即應將辯論之事作爲暫緩之局暫緩者少則數月多則數年數十年并無期限遇有機會仍可將前事提出籌商此因歐洲辦理交涉事件之通例處見大理寺卿曾紀澤奏章益兵者危事也至必不得已而應之而後始可以逞若動

輙與師所慮遠而挫折而沮非惟不能成天下之大功而反以得天下之大禍歐洲有嗜嚕大司特之章程彼此先事籌綿以免臨事蹶張况暫緩至數年數十年而前存虎視鯨吞之心者又變爲雲淡風輕之景不惟化剛爲柔且可化有爲無也

歐洲各都城設公會所二一處曰爵房凡有官階及西教師處之曰鄉紳房由庶民推選有才識學術者處之國有要務王諭相相告爵房聚衆公議參以條例决其可否復轉知鄉紳房必鄉紳大衆允諾而後行不然遂寢其

事若民間有欲興除利病及控訴者先具陳於鄉紳房鄉紳酌覈上之爵房爵房核定則上之相而聞於王否則報罷歐洲政通人和得力於此若君門九重臣心萬里雖有美意良法而情不上達惠不下濟無怪乎事多壅隔人懷疑沮 鄉紳有罪合衆鄉紳議治之不與庶民同因禁略而言之刑賞征伐條例由爵房主政鄉紳參謀而已增減課稅籌餉由鄉紳主議爵房裁奪而已彼此牽制不得怙權恃勢爲所欲爲矣

西羅馬自建國歷一千二百三十年建國之主曰羅慕路亡國之主亦曰羅慕路東羅馬後西羅馬亡約一千年

建國之主曰君士坦丁亡國之主亦曰君士坦丁見萬國史記

外洋悉用羅馬之歷法每年二十四節氣分屬某月某日俱有一定如春分必在二月二十一日其餘可以類推雖至數百年之久亦無大差沈括補談云欲用十二氣爲一年以立春爲孟春之一日驚蟄爲仲春之一日歲歲齊盡永無閏餘此即與羅馬歷法大同小異

米利堅疆域廣闊又屬膏腴每年鄰邦貧戶前往受廛爲氓開墾田土者二三十萬衆該國統領倍加撫恤薄取

其值用示懷遠之意以同治五年册籍而核算之較四年多一萬三千四百七十八人六年較五年多三萬八千六十四人

英法美三國定例凡能獨出心思精創一器一藝者使其世專其利他人不得摹倣影射所以懷才抱異之士不患致富之無具也惟必先奏明國家給以文憑方許行之以美國而論自咸豐庚申後每年文憑不下五千張逐年加增可見奇技趨利之人愈久愈多矣惟美國文憑以十七年為限過此隨人學習與英法不同

俄國舊例凡富宦家購買田地則其地居民并隸在內或充當兵籍或遇婚嫁事咸由新業主操其權斯誠弊政也邇來俄君知其謬擬禁革而更張之惜富宦狃于積習尚未從

綏服紀略龍沙紀略異域錄行程錄諸書所載俄羅斯稱城垣曰和屯曰圖拉拔內府圖所載稱圖拉者皆附近蒙古地方稱和屯者皆附近滿洲地方各不同因各有取義也

廣東通志俄羅斯鄰國有紅孩兒拔即七椿園所作西域

聞見錄稱控噶爾乃土耳其之別名也七椿園不知土耳其譌稱控噶爾又聞見錄謂俄羅斯畏控噶爾遂朝貢稱臣不知土耳其暴虐連年爲俄羅斯挫敗因英法護持姑延殘喘蓋英法恐俄羅斯并吞則地兼三海於歐洲諸國扼其吭而拊其背矣故英法之存土非愛土也懼其得隴望蜀耳

歐洲操舟者不憚風濤而畏礁石猝與之遇未有不檣傾船沉者於是諸國即在石面建一塔派人守之夜燃燈於塔頂照耀洋面行船者遠望而知避遂無撞擢之虞

㒞屬餘談秘魯國初時未有書契則結各色大小繩以紀事如黃爲金白爲銀之類易曰上古結繩而治豈中國先而秘魯後乎

日本字有謂片假者即存漢字半邊之意如毛字作毛呂字作口之類筆畫均取減少按各國文字無有備於中國者餘國皆僅備音而不能備字其在六書中不過諧聲一種而已

暹羅米甲于南洋蓋耕種不費人力每夏有黃水自海中來以漸而漲水尺苗尺水丈苗丈水潤而土愈沃水退

而穀已熟宜乎有天南樂國之褒矣

暹羅不强甲兵僅恃木柵習水戰以視歐洲各邦則瞠乎後矣莒城甚惡尚以爲虞況以產米驟富而介於英法强鄰之間哉

米利堅立法美善諸邦所不及以舊金山而論之幅幘遼濶較香港大百十倍爲商賈所薈萃貨物所輻輳華民往其地者十數萬人諸邦往來船艦計一千二百餘艘可謂通商之大埠矣按該國每歲支給文武俸祿及水師陸營糧餉凡修葺廢墜無所不包而僅支五十萬圓

非節用愛民能如是乎況地稅所納甚微以資修葺路
衢建立書塾而已各鄉村置有公田由士紳收其租息
以養鰥寡孤獨貧乏疾病者惟海關稅則歸之於官餘
則以一國所出供一國之用民無所苦而君無所私誠
哉勝於窈窈冥冥之桃花源也

米利堅每村設端慤老成紳士四人無精祿書吏一人案
月給銀六圓半差役三人以供奔走各給銀四圓半凡
冠婚喪葬錢債爭競事則告紳士而理斷之大案則解
衙故有老死未見官者

歐洲風俗就國勢之强弱以決勝負就時政之得失以判興衰就民心之從違以卜分合而不在姻婭之親疎也卽如普屬各國互相爲婚今遂爲普王所併意屬各國亦相爲婚今遂爲意王所併可見異域於姻婭不甚足恃以視我 朝之待親懿科爾沁與國休戚累世屛藩者不啻雲泥懸殊矣

光緒初年英人造鐵甲船厚四五寸故彈力有所窮若以昔日之船當今日之礮未有不糜者故鐵甲船行而火攻之術益精

自普法搆兵電激雷駭水沸山崩各統百萬師以決勝負因是列國無不整頓兵防嚴修武備以英國而論於內外扼要建築敵臺悉用數萬斤之礮七百斤之彈且加高牆壘厚包鐵皮下設水雷皆以電線燃發其機括置於瞭樓之上海疆堵禦之法其嚴密如此可謂能設險以守其國者矣

英國舊制有征伐隨時立兵不久設以擾民迨後不得不藉兵力以拓地其於一千七百九十二年內外步騎僅五萬七千二百五十八人一千八百五十二年印度隸營

籍者共三十四萬人外加造鉛丸掘地道匠役一萬五千人此陸兵之數也前與法蘭西交鋒時兵船一千艘水手十八萬四千人一千八百五十二年兵船加七百艘水手加六萬人軍裝火器船加二百四十艘船身大小造費不一或四五萬金或十二三萬金能載礮八十尊中容七百五十人别有二三百小火輪船裹以厚鐵鉛丸不能入號曰水壘此水師之數也其尤所恃者光緒九年練勇八萬遴選技能朝夕演習務期一兵得一兵之效一器得一器之用故攻城必拔略地無遺也

英主之子丁保羅又曰恩波爾爲俄主之壻可謂貴盛矣乃初充水手在衡蘭地船繼擢船主在蘇爾坦船近始升副提督蓋必能極水手之長乃得爲船主能盡水軍之技乃得爲兵頭普八敗法得力普王之子亦由小卒而後爲大將三軍之中無倖進者因其上下同甘苦所以士卒同死生也

論歐洲之大局以法輔英則英愈雄以英輔法則法愈固昔之英法常相攻以其時歐洲諸國勢均力敵皆不足以制英法也今之英法常相合以俄驟興於東以抑土耳其之强普崛起於西以抑墺地利之大皆足與英法

並峙抗衡按輿地利雖大而衰微惟養兵更多於普土耳其雖强而暴虐故交鋒累挫於俄但疆域爲歐洲屏障有土耳其諸國可以自固藩籬不至爲俄鷙視鷹瞵龍驤虎踞矣以上係予吟香書屋筆記摘錄

歐洲軍律其嚴整非髮逆捻匪可比緣平日能堅制不奪之心故臨陣有必勝之略按管葛孫吳諸書治兵莫不先言嚴整歐洲軍律適與古人合吾中國與彼交鋒者自諉於不如外國曷不反而責之以今人之不學古人乎又歐洲雖奮揚武威而言戰恒惴惴嘗存有不戢自

焚之災我無瑕釁可乘彼不敢輕舉妄動古人言戰勝
於朝廷折衝於樽俎非謂盡弛邊防也惟能整飭綱紀
撫恤烝黎潢池無盜賊之變遠邦自無窺覘之虞矣
法蘭西火器神速罕倫校勝負不繫於此若其善用與否
則在乎人耳譬如越南將劉永福與法交鋒火器遠不
逮彼而一勝於紙橋再勝於懷德三勝於丹鳳且斬其
猛將安鄴渠帥李威利蓋火器必得人而使之否則亦
成虛設觀永福與法戰豈非火器不可徒恃哉
法蘭西與意大利交界有色尼斯山其巔至高鑿路難[illegible]

遂鑿二十里長之洞以通之按唐書李齊物剗三門山以濟運又闢三門嶺輸巖險之地俾負索引艦以享安流其殫財痡力與法蘭西畧同

亞西亞洲人民約共八億一千六百七十萬按中國十八省以及滿州蒙古新疆西藏青海共計四億零四百三十萬印度二億八千七百三十萬日本四千二百萬土耳基並所屬之亞拉伯自主之亞拉伯共計一千九百萬朝鮮一千二百萬波斯九百萬緬甸七百六十萬阜支亞七百萬安南六百二十萬西域五百六十萬俄羅斯所

屬歐連新疆暹羅五百萬西比利亞四百五十萬阿弗干四百萬臺灣二百萬俾路支五十萬麻喇甲五十萬琉球二十萬

歐羅巴洲人民約共三億六千一百六十萬按俄羅斯九千七百萬德意志五千萬奧斯馬加四千一百萬法郎西三千八百五十萬英吉利三千八百萬義大利三千一百萬日斯巴尼亞一千七百萬土耳基七百萬土耳基疆域半在亞西亞半在歐羅巴比利時六百三十萬魯瑪尼亞五百八十萬葡萄牙五百萬和蘭四百八十萬瑞典四百八十

萬布拉嘎利亞三百三十萬稅賓三百萬希利尼二百三十萬丹國二百三十萬色斐亞二百二十萬哪威二百萬（今與瑞典合爲一國）門德內革羅二十萬

亞非利加洲人民約共一億七千萬按蘇旦八千萬庚哥一千萬森伊干比亞一千萬伊及九百萬阿勒支利亞四百萬瑪達嘎斯嘎三百五十萬阿比辛伊亞三百萬摩勒哥三百萬嘎沒龍二百六十萬安哥拉二百五十萬來比利亞二百萬革伯哥羅尼一百五十三萬德利波利一百三十萬廣尼斯一百萬此外八小國共計二

百六十六萬

北亞美利加洲人民約共九千五百零九萬按美國七千萬（即合衆國分三十八省）美希哥一千二百萬西印度羣島五百萬英亞美利加五百萬中亞美利加三百萬伊斯蘭八萬革林蘭一萬

南亞美利加洲人民約共四千零九十七萬按巴西二千萬阿根第挪四百五十萬哥倫比亞四百萬支利三百三十萬秘魯三百萬波利斐亞二百萬分額兌拉一百三十萬袁瓜多一百三十萬外有三小國共六一百五十

七萬此兩洲地十有七八未開闢故人民寥寥

以上五大洲此外南洋總名纖西亞尼嘎約共八人民四千八百八十八萬按瑪雷西亞所屬五大島共四千一百萬奧斯達拉西亞所屬四大島七百四十六萬波利尼西亞所屬各小島共有四十二萬統計五大洲並南洋人民約共十五億四千三百二十四萬以上六則光緒二十二年丙申見美國戴集所著地理畧說竊思四海之大六合之廣人稠人雜日生日繁卽管晏持籌桑孔握算亦不免舛錯遺漏此據各官吏案年循例編造烟

尸册畧而言之約而討之耳
地球中大半爲水小半爲地地分五大洲一曰亞西亞二曰歐羅巴三曰阿非利加此東半球也四曰南亞墨利加五曰北亞墨利加此西半球也以全地大勢觀之南北亞墨利加與東土三洲不相連屬而其開闢實在三百六十餘年之前此未知有其地者也然叅之梵典則已早分大地爲四大洲特以梵典之四大洲非即泰西輿地家所言之五大洲也說文水中可居曰州後人乃加水旁曰洲梵典論四大洲是洲者四面皆水之名

今亞細亞與歐羅巴一土相連似未可遽區爲二其歐羅巴阿非利加之山皆同發脈葱嶺而崇岡綿阜蜿蜒紆復繞紅海地中海以至蘇夷士又首尾交縈則三洲似實一土也惟南北亞墨利加則別爲一大洲亦不得以中央地狹判而爲二也東半球中其國之殷實土之廣大人之蘩庶如此較之西半球何其不勻如星淵懸殊歟或者西人尚多未悉之地如阿非利加通商雖久而僅至其邊隅未能深入況亞墨利加數萬里之大探得者亦在近時安知此外更無新地乎設西國好事者

環南北極而再見之或有二大在在未可知也戊寅仲
春泊農記
歐洲雖通商而有公使有領事有統師會目有駐兵番船
隱然時寓敵國之形以待不測有事則文移往返强以
必從偶爾牴牾起瑕生釁所以然者皆吾積弱之所致
而積弱之由來其故有二一曰文官不知經濟惟知貪
緣一曰武弁不知紀律惟知索餉所以前者割地後者
增埠不知增埠猶割地也特割地之禍速而易見增埠
之禍緩而遲發耳

煙土乃印度行人所販賣也前明萬歷三十二年乃耶蘇一千六百三年英王立印度行人　按年給照後行人興盛漸掌兵權印度大地及孟買島皆爲吞噬命通國廣種罌粟販賣於香港至本

朝道光十四年耶蘇一千八百三十四年英王同議院裁撤行人即派大臣內皮爾來粵省辦理通商事該大臣將國書交廣守收納廣守擯而弗見旋拿獲煙販廣守欲於英國大臣寓前正法該大臣甚恚此兩國啟釁之始十八年嚴禁煙土林欽差限期勒繳共收英國二萬箱有奇命委員概付

秦炬從此敵起於外而政治愈棼寇起於內而賦斂愈急行者有鋒刃之憂居者有誅求之困也

歐洲設官考試醫士必於陰陽表裏臟腑經絡問能研覃淵邃者方許給票遠游資其旅費優其廩餼使其賑濟貧苦光緒戊戌英美兩國有韓君納川文君光斗來嘉傳教性皆溫恭蘊藉韓君善岐黃凡男婦沉痾求其療治不以財幣干懷亦不以呼吸取法惟視本人朝夕所溺之尿遂知其病源施以刀圭莫不生枯起朽砰乎技矣中國醫士壓息診脈究竟不知息如何脈如何惟妄

臆揣度往往病在營而治衛病在衛而治營甚至用藥鹵莽不問是標是本有朝投熱劑如擔頭三斗火夕投寒劑如篋裏一盤氷者視其病之所至旋轉相逐所以死於疾者恆少死於醫者恆多也誠能倣照英美兩國設官考試必明晰本草內經脈訣針術者始準給牌濟世濫充者懲之如是則懸壺市上少一收生之待詔（唐人稱醫士爲待詔張祜病宮人詩云藥餌無徵待詔愁是其證也）而枉死城中少百十夭札之魑童魔女矣

中國牙病無專科俗稱牙有蟲者用藥敷之可取蟲此皆

江湖醫術以誑言欺世耳惟歐洲醫生於牙病果稱神技凡牙疳牙腐牙癰牙腫求其療治無不獲痊至於老人無論牙折脫多寡而能鑲補自鑲補後堅定不搖固立不落與生成者無異直能以人工而奪天公之缺陷也

英國貿易大宗首在用機器以織呢布每年由滿達斯德城販運至中國消我流銀二千萬有奇此外佐以銅鐵錫鑛數百萬無怪我民窮財竭曷若亦設機器自爲製造俾其利操之自我之爲愈乎

意大利國即羅馬前明中葉有士子詳考地理查各石之體質形勢與其中之物跡從此而知石之成形處各有其源各有其時各有其地並知石中之物跡亦非怪異乃動植各物之遺體沉没於泥沙經久而變石於是始將各類之石按其成形之先後分層分段其中之物跡亦按其種類而發明之近百年內歐洲士子尤研精索要竟成專學然在中國於此道殊屬罕見罕聞者見英人文教治地學指畧按此類若中國骨董鬼能言古器眞贗歷歷可據但人生精神貴凝聚何必消耗於瑣碎

磈磥之間也

歐洲各國富強者別無良法惟集股開礦耳其意以金銀銅鉛皆地氣凝成此衰彼旺彼衰此旺更遞開之實可不匱不竭中國崇山峻嶺蘊藏金銀銅鉛不亞於歐洲但必衆擎舉鼎寸壤成山倣照招商集股始能蕆其事惟官府口松栢而心桃李不能如歐洲取信於人一誑再誑故商賈憤懣今約其集股縱然良有司披心腹見情愫而亦不樂從何也蓋傷弓之鳥嘗似弋者而驚漏網之鱗遇放生者而避耳

中國鐘表大半從稅資國所屬若內弗城而來歲銷流銀二三十萬按鐘表測時固精於銅壺沙漏然價貴而易損傷玩物喪志安事此爲其他奇技淫巧何足輕重況非傳家垂示後昆之器皿

中國所用通事半皆市井不識立言之體西人素輕藐之遇有中外交涉案件兩官各相安瑞以致敗壞決裂由彼此隔閡也必於各埠市設立譯館使委員入其中壹心講肄以備酬答至各邦月報所載大小情形亦宜刻出俾知歐州國勢之盛衰民心之向背習俗之善惡俾

政之虛實而免隔閡之虞矣
歐洲農家播穫之具皆以機捩運轉能以一人代百十人之用其利固溥此法中國不宜行之蓋貧乏之者殨殨皆藉富戶以養贍殖若效尤歐洲則億萬農家必至無所得食不塡於溝壑卽聚於萑苻所謂天下事多一小利卽增一大害此類是也
天算推步之學中國人素無恆心故未能研覃淵邃所以中法固遠不逮西法今法固大勝於古法揆厥所由因疏密不同耳但古法有用而今法無用今法易時必變

而古法可以歷久無獘何則愈新奇故也新益求新奇益求奇必有以別法駕而上之故今法不踰二百年必悉廢矣

通商以後西學大昌巵言日出如瑪吉士則有地理備考慕維廉則有英國志地理全志裨治文則有聯邦志略文教治則有地學指畧謝衛樓則有萬國通鑑彙集則有地理畧說巨帙宏編網羅繁富彬彬乎登大雅之堂入著作之林矣後之言西事者必於此取資焉然間嘗得其書而徧讀之大抵質而不文簡而多漏其甚者述

今稽古俱乏之新知隸事分門所出同轍記一國而半篇
可了閱千載而數事僅傳國都而外莫著名城邦君以
降罔聞人物表政治則不繫廢興志疆域則不詳沿革
系譜牒則不溯淵源似此疏畧令人有缺憾耳至於偉
烈亞力之天學艾約瑟之重學丁韙良之律學格致學
合信氏之醫學瑪高溫之電氣學標新競異幾於美不
勝收尤非中國騷人墨客所能管窺蠡測者也以上二
十二則亦吟香書屋筆記摘錄

皇朝瑣屑錄卷四十四終

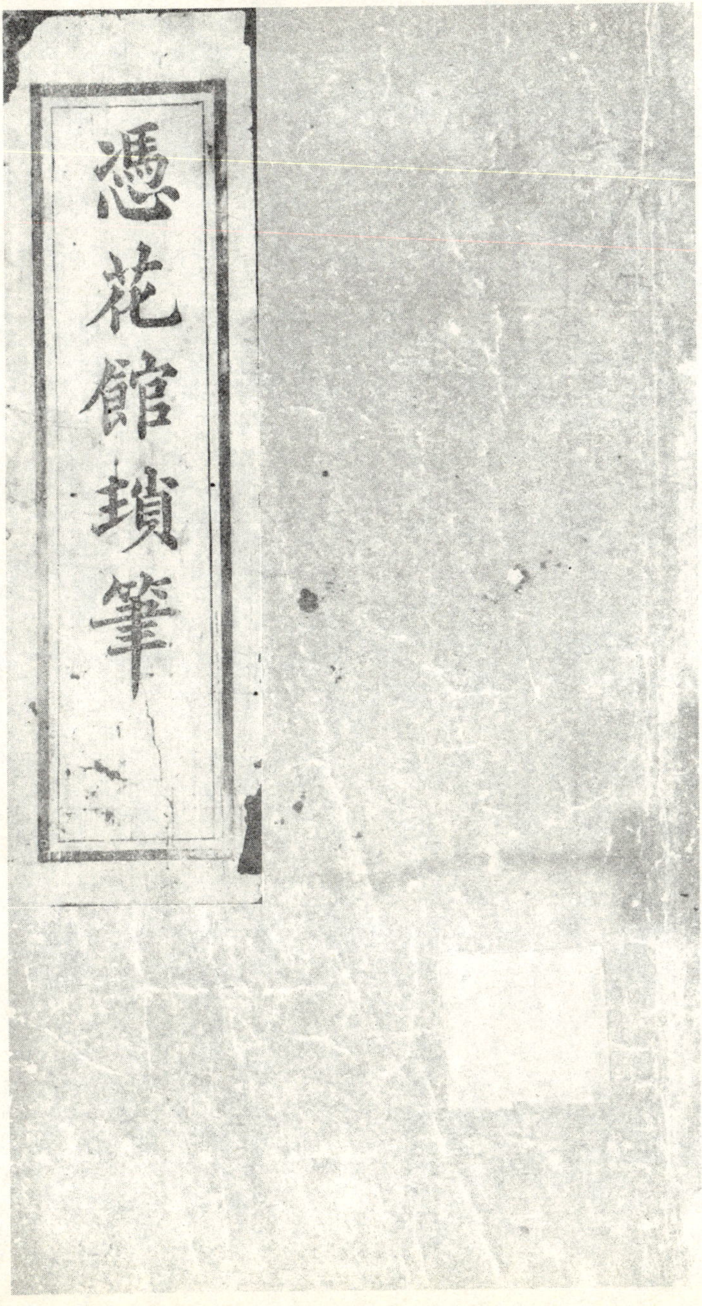
憑花館瑣筆

憑花館瑣筆

通奉大夫第藏板

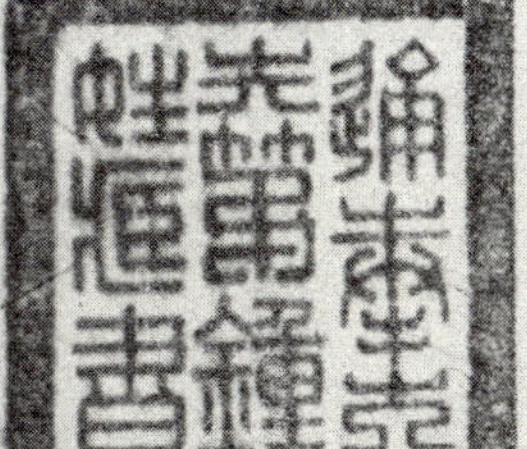

光緒二十六年
歲次庚子三月
百花生日開雕

予命運迍邅讀書不得志襄勞營務鹺政蒙當道薦剡知縣因老母在不亟仕進況遭家不造歷識沓來卜子夏無茲哀痛荀奉倩遘此悲虞燕頷之相終虛馬齒之年加長矣夫蟬蛻不知雨雪蟪蛄不知春秋猶能以其竅自鳴於世豈有男子負七尺軀庸庸碌碌並蟬蛻蟪蛄之不若乎予園憑花館嫣紅姹紫嘗列經史子集朱墨勾稽旋得旋錄不類不次間附鄙論於後名曰瑣筆爲愁城中藉銷塊壘又何知有左蝸一戰南柯一夢哉成帙四十卷遺失過半何小珊刺史披閱殘稿問何未梓予曰此非經學恐爲

人覆瓿耳笑曰東甌聞見南部煙花西京雜記北夢瑣言五燈珠林之冊七籤眞誥之編類皆經學者流以其緒餘發爲小說此書稽古證今勸善懲惡且有 勦逆寧故將帥膚功自燮赤狄之本源紅巾綠林之顛末未可與語以爲人覆瓿也因小珊慫恿始付剞劂迨歷八十年以有用之光陰供無聊之筆墨寄託如此其身世亦艱然矣濡筆寫懷以誌其不得志云爾庚子立秋日鍾琦自序

憑花館瑣筆卷一

嘉州 鍾駒 泊農

春秋運斗樞云伏羲神農女媧爲三皇鄭康成益州名畫錄皆從之宋均則以燧人伏羲神農爲三皇白虎通則以伏羲神農祝融爲三皇而劉恕陳桱胡宏袁黄皆以天皇地皇人皇爲三皇又宋均感精符注赤帝爲堯黄帝爲舜白帝爲禹黑帝爲湯蒼帝爲文王史記據世本以黄帝顓頊帝嚳堯舜爲五帝皇甫謐則以少昊顓頊高辛堯舜爲五帝說者紛如不知以何爲據典 國朝

乾隆間　特命儒臣纂修通鑑輯覽　純皇帝因孔安
國書序以伏羲神農黃帝之書爲三墳少昊顓頊高辛
堯舜之書爲五典不區分皇帝之號所説簡當準確妥
國所云以爲定論仰見　軒鏡心懸　堯文手勒折衷
至當　睿鑒精詳矣
女媧氏繼伏羲氏王天下非婦人也氏名女媧猶國名女
直又如左傳所謂女艾莊子所謂偊女高孟子所謂馮
婦豈皆婦人哉雍正間　上聞各廟多塑女媧爲女像
命更正之而地方有因經費支絀遂於女像加鬚髯

者又有不棄前像另塑一男像以前女像配之而成帝后者殊屬笑笑

古書解者多失其意遂害於理尙書注怪石以爲奇怪之石若後世靈壁太湖嵌空玲瓏以供戲玩是禹爲牛僧孺米元章也又解三江之水味別是以禹爲品水鬭茶如陸羽李德裕之流也戰國處士謂舜塗廩浚井遭焚坑而不死列女傳又謂二女實教之是以舜爲左慈劉根而二女爲李全之婦劉綱之妻也閱之令人發噱

聖賢而重瞳者堯也舜也（見荀子）顏回也（見劉勰新論）王侯將相

馮花館瑣筆卷一　二

而重瞳者項羽也王莽也見劉勰新論呂光也李重光也沈約也魚俱羅也北漢劉崇也謝枋得也明玉珍也釋老而重瞳者陸修靜也道明禪師也卓儼明也

今三年一鄉試俗稱大比不知其語不侔也禮記小司徒三年則大比使天下簡閱名數財物豈是校士耶

京師欽天監衙門楹聯云夏至有風三伏熱重陽無雨一冬晴予驗之無效後閱感精符云夏至酉逢三伏熱重陽戊遇一冬晴乃知後人訛書也

內閣學士國初俱帶殿閣之名池北偶談康熙九年十月

內院仍稱內閣復翰林官屬以圖海巴泰爲中和殿學士索額圖李蔚魏裔介杜立德爲保和殿學士折爾肯哈占爲中和殿學士自折爾肯以下如張鳳儀爲文華殿學士靳輔爲武英殿學士田種玉爲文淵閣學士陳敳永爲東閣學士俱兼禮部侍郎雍正初改稱內閣學士

湘山野錄錢希白稱王欽若爲中堂宰相稱中堂始此

冠翎明季已有之按明史稿輿服志都督江彬冠上綴以靛染天鵝翎江彬傳亦云許泰等凡見貴官帽植天鵝

餉貴者三餉次二餉兵部尚書王瓊得賜一餉是其證
也
固天縱之將聖集註訓將爲殆非也孔安國云天固縱大
聖之德以大訓將其說爲優古將字訓大詩經亦孔之
將有娥方將我受命溥將是其證也
皇甫謐高士傳顏回有郭外田六十畝以供饘粥有郭內
圃六十畝以供絲麻今人知顏子有田而不知其有圃
劉夢得作九日詩以五經無餻字輒不復爲後宋子京詩
云颺館輕霜拂曙袍糗餈花飲鬥分曹劉郎不敢題糕

字空負詩中一世豪㪺糗卽餌粉餈糕類也周禮疏糗餌粉餈鄭箋云今之糕

蘇鶚演義今人以酒巡匝爲婪尾㪺慰勞其得酒在後也又一說啉者貪也謂處於座末得酒最晚腹癢於酒既得酒巡匝更貪婪之故曰啉尾字從口以明貪婪之意此說近之宋景文公守歲詩云廹新棄舊秪如此且盡燈前婪尾杯樂天寒食詩三杯藍尾酒一楪膠子餳乃用藍字㪺籃婪一也

史記黃帝畫野分州得百里之國萬區依開方法應得積

滿一萬萬里案泰西人分地爲四土曰亞細亞曰歐羅
巴曰阿非利加此三土相連通盤合算其疆域亦無如
此廣大以黃帝時輿地考之西不過肅州北不過宣化
東至海南至江安得有萬區百里之國哉蓋史家紀載
率多恢張失實如禹會諸侯於塗山乃稱執玉帛者萬
國亦此類也
幅幀廣大自元太祖以後惟　國朝爲最中華十八省及
東三省外南極交趾北極俄羅斯東極朝鮮西極雪山
葱嶺得亞細亞疆域十之六七況四裔之荒非查究斷

能周歷也電譯之遙并章亥所能盡履也龍沙鹿渾之窮火山氷海之區獨峯駝無尾羊之部并執管瀾蠡者所能臆度也

唐人目長儀部者曰大儀員外曰中儀主事曰小儀中書舍人曰小鳳翰林學士曰大鳳丞相曰老鳳宋人稱龍圖閣學士曰大龍直龍圖曰假龍直學士曰小龍得直閣久之不遷而卒曰死龍又謂大府曰忙卿司農曰走卿光祿曰飽卿鴻臚曰睡卿至御史俸薄又有聚驪向火分驪吃食之謠見塵史

論語貧而樂史記作貧而樂道鄭康成謂志於道不以貧爲憂蓋自伊尹耕于莘野樂堯舜之道于是疏水曲肱孔樂在其中簞瓢陋巷顏不改其樂古聖賢安貧樂道如此乃程子謂尋孔顏樂處不知所樂何事朱子以其引而未發不敢妄說而講學家遂默揣禪理將聖賢實學幾如佛老隱僻之虛機矣由傳論語者偶遺一道字啓之也然朱子註子貢貨殖章謂不如顏子安貧樂道又何嘗不申明其旨義哉

史記索隱曰書社者書其社之人名於籍以七百里書社

之人名封孔子也按周制公侯封域最大者不及五百里當其時楚地雖廣亦秖一千四五百里耳且楚重臣如沈尹戌甫封葉縣安有以七百里予人語多傅會因戰國儒生各逞異說遂至厖厞不相合如此

予鵠送唐中丞入道詩侍婢休疏宮樣髻閹童新改道家名是唐時方鎮例蓄閹人

宋龍圖梅摯謂仕有五瘴租賦之瘴刑獄之瘴飲食之瘴財貨之瘴帷薄之瘴仕者不知乃歸咎于土瘴謬矣然百粵之間深山密箐蟲蛇草木之毒積成瘴癘其氣如

絲如縷如雲如霧間之或香或酸而春爲青草瘴夏爲黃梅瘴新禾瘴秋爲黃茆瘴桂花瘴菊花瘴瘴中之藥石莫施又嶺外代答云並有冷瘴熱瘴啞瘴之說官其土者亦不可不知

乾隆癸丑常州奔牛村牛產麒麟徧體鱗甲鵝黃色尚未生毛自嘴唇以下至小腹白痕如雪蹄足軟尾濶二寸許殷紅若硃砂生時紅光燭天合村驚爲火發遠近奔視者數萬人麟母牝牛怪其狀不肯乳人競以粥餵飼之麟不欲食竟餓死村人以石灰漬於木箱中舁至虎

邱鳴鑼招看獲利頗多或曰麟兩胃無陽部視之果然其母在羣牛中他牛雖千百必讓其前行物猶貴其所自出也是年大水阪田淹没黎庶飢饉韓文公以爲不祥信而有徵矣

北朝風氣好以鳥獸爲名字韓麒麟裴神駒傅野猪楊辟邪王熊羆東方白額薛驎駒鄭靈雀劉猛雀孫龍雀韓長鸞之類甚多殊不雅馴

京東考古錄世言燕雲十六州自石晉賂契丹不屬中國者四百四十餘年所說蓋不盡然案史晉割以畀遼者

山前之州七幽薊瀛莫涿檀順山後之州九新嬀儒武
雲應寰朔蔚至周世宗時瀛莫復歸中國惟十四州淪
於遼耳灤州乃契丹以前所置本不在內
眞武之龜蛇曰天關地軸見蔡絛鐵圍山叢談梓潼神之
從者曰天聾地啞見蠡海錄
危危日畫猫可避鼠見東坡元豐四年六月畫跋
斫漆必以子丑時否則液不出見南岳志
種松去大根留旁鬚則其蓋自垂見墨客揮犀
請封孔子之後始於梅福郡國立學始於高允韻書始於

沈約進士科始於隋煬杜甫請謚文貞始於元內監韓昌黎配享始於皮日休繪寺立觀音像始於唐文宗五經印板始於馮道閩人舉進士始於歐陽詹滇士治經學始於尹珍嶺右登科始於甘翔選士覆試之議始於左雄糊名試士及殿試均始於武后孔子以木主易像始於張聰周公之後封博士則始於我　朝康熙二十三年詔東野沛然世襲

識豫讓之友青荇也赤壁吹洞簫者四川綿竹道士楊世昌也桃源漁人黃道眞也潯陽妓裴興奴也石敢當劉

知這時勇士也

尸子乃商鞅之師申詳爲子游之壻老子之母姓益壽名嬰敷東方朔本張氏父名夷字少平壺關三老姓令狐名茂

六朝以後婦女塗黃爲飾溫飛卿詩額黃無限夕陽山案塗黃者佛粧也至元明以後此風遂革

苻堅將南伐夢菜生滿城東南地傾占曰菜多難爲醬也東南地傾江左不得平也堅不從而敗

史記商君傳武王諤諤以興紂王墨墨以亡新序雜事篇

晉平公閒居師曠侍坐平公曰子無目甚矣墨墨也對
曰天下有五墨墨而臣不得與一焉臣之墨墨小墨黑
邪何害於國家哉北音墨昧同墨墨即昧昧漢書冒墨墨
不得志乃默默之省文

周文忠公天爵有勇力居恆舞大刀自樂性卞急而純孝
宦濟晉時以太夫人久旋里遣幹弁賫金爲母壽囑言
是積俸之貲懼太夫人不納也弁至里第見太夫人果
詢以金所自來弁具以對太夫人曰得由積俸不能不
收之爾歸語主人當作好官以報國尤須變性情爲寬

和庶幾留一顆頭顱爲將來見我地步弁唯唯迨歸見公詭言太夫人甚喜且僞作安慰語公俟其言畢遽令縛而鞭之弁始以實告公喜釋其縛曰太夫人教子素嚴豈肯作安慰語汝後述者乃眞我母訓也我聞之如見母矣遂賞弁而忻悅者累日其純孝如此

賊陷金陵後聞一士人夙有文名令作僞王府堂聯士人援筆立就云一統山河七十二里半（金陵週外城計七十二里半也）滿朝文武三百六行全賊怒殺之嗣以論開科取士題爲四海之內一東王有士人極力須揚僞東王楊秀清大

僉賜狀元及第秩同統制遊街之次日卽逸出二士或
激烈或明哲均合乎道也
上元馬生以屠沽爲業頗不齒於鄉里賊陷金陵時其弟
請死生慨然曰吾不可以徒死殺一賊而死吾命取償
於賊矣若殺二賊是爲國立功而死也遂設酒食於庭
迎賊入潛殺之投其尸於井日以爲常旣謂弟曰殺人
而不使人知不武汝取賊首榜諸門遂與其弟俱遇害
若二生者皆能殺身以成仁者也
古人煎茶卽今人之熬茶古人點茶卽今人之泡茶明人

郭元登詩解鞍繫馬庭前樹我向廚中泡茶去泡茶二字入詩僅見

放翁薄暑詩僧坊初施浴行路亦饋漿蓋宋時暑日施浴今但聞有施茶施藥未聞施浴者矣

王仲初當窗織末句云當窗卻羨青樓倡十指不動衣盈箱蓋從古語刺繡文不如倚市門翻出見青樓倡乃指豪家歌舞者言更非倚市門之比沈歸愚乃謂人即無志何至羨青樓倡耶是直不知青樓倡作何解亦太鹵莽

漢杜延年後分四支至唐時每房皆有宰相京兆杜武之黃裳相憲宗襄陽杜氏之佑相德順憲三宗佑孫悰相武宗洹水杜氏之正倫相高宗濮陽杜氏之暹相明皇鴻漸相代宗世祿之家歷代恆有而每支皆有台輔則古今不多見也本朝桐城張氏文端文和橋梓繼美與京江張氏文貞公玉書長白張氏文敏公百齡遂甯張氏文端公鵬翮以及有明之江陵相國在元時同出一祖五房六相亦杜氏之比矣

明皇雜錄張果每云堯時丙子年人時莫能測也又云堯

時爲侍中案堯時何嘗有侍中眞誣罔之說矣
金史李復亨傳刀鱴馬血火煆之則刃青
史記仲尼弟子傳孔子之所嚴事於周則老子於衛蘧伯
玉於齊晏平仲於楚老萊子於鄭子產於魯孟公綽則
老萊子亦孔子之友也
列子造父爲御𧸖𦓎爲右即泰丙之異文
土著二字出漢書張騫傳身毒國在大夏東南其俗土著
師古注土著謂有城郭常居不隨畜牧移徙
武廟有楹聯云二心臣子愧同胞兄弟羞二語足槩關公

一生大節湯陰岳武穆王廟前有秦檜王氏万俟卨張俊四鐵像列跪其下反縛如就刑狀有人製一對語其粘於秦檜者云咳我縱喪心有賢妻必不若此其粘於王氏者云啐妾雖長舌無鄙夫何至于斯作互相怨懟口角是亦妙謔矣哉又一聯云班師奉幾道金牌氣短英雄南渡江山傾半壁報國鍊一門鐵漢忠全父子西湖風月弔千秋武昌精忠廟祀岳王康書臣大令撰聯云入其國不非大夫若宋高宗且不論古之人責備賢者於張魏公又何誅運以史筆下語如鑄揚州修史忠

正公祠有楹聯云天地一英雄決志成仁百世勳名垂竹帛古今幾忠義感時論事千秋血淚灑梅花道光癸卯予游錦里適茁道募修武侯祠而謂予曰長聯甚多惟神像前少一對七言煩君著之予見長聯中有比管樂者有比蕭曹者遂援筆而書曰管樂所遭非後主蕭曹何敢望先生未幾茁道卒故未付梓

詹侍御與蘇大行五鼓過長安街呼道聲相近蘇問前行者爲誰從者曰詹爺蘇曰詹之在前詹問後來者爲誰從者曰行人蘇爺詹回首曰後來其蘇袁太冲七歲時

與羣兒戲自稱小相公彭魯溪先生出對云願爲小相袁應聲曰竊比老彭某邑宰性廉潔祇一僕相隨僕他出自起炊飯適二尹至嘲曰予聞君子遠庖廚何須媚竈宰應曰我本有官居鼎鼐暫時調羹

暹羅米甲南洋運入中國者每歲數百艘近因豫楚荒歉暹羅以賤米得貴值國驟富鄰封如安南莫敢頡頏蓋其地平衍且耕種不費人力逢夏有黃水自海中來以漸而漲水尺苗尺水丈苗丈水退而苗熟穀足食豐宜乎 上諭有天南樂國之褒矣然其國不設武備不强

甲兵僅恃木柵習水戰以視歐洲各邦是猶雲泥懸殊莒城甚惡尙以爲虞況以富而介於英法之間哉

白香山晚春酒熟尋劉夢得詩還攜小蠻去試覓老劉看宋人說部皆以小蠻爲酒榼之名案小蠻蓋謂小蠻榼耳語似歇後唐人詩中每有之非酒榼名小蠻也白詩又有小花蠻榼二三升之句

明世宮中亦貴牡丹莊烈帝居信邸時魏奄獻牡丹二百器首行所列爲御袍黃巧列名目是秋即帝位陳悰天啟宮詞云牡丹春盡散天香秋露分栽上信王蜣碧飄紅無

限好絲蝴蝶瓜瓤紅亦牡丹貴種就中偏重御袍黃咏其事也

古人以右爲尊故階以西爲上左傳楚人上左時上左祇屬楚制中夏未遵也漢唐凡官貶秩曰左遷四書註言無能出其右者則宋時猶以右爲大也明太祖稱吳王以李善長爲右丞相洪武元年改官制尚左以善長爲左丞相自是起居則以左爲上　國朝因之故宴客以左爲首坐

周宣王石鼓文凡重字皆作二畫

明宣德中命王靖遠總督軍務正德末年武宗自稱總督

軍務威武大將軍於是改總督爲總制嘉靖三十年世宗以制字非人臣得稱仍改總督按總督二字見晉書王猛辭位表總督戎機出納帝命但以官名始於明各省置巡撫亦始於明事竣召還至　國朝遂成定員

周穆王御八駿爲飛花伯樂相馬爲看花重瞳泣馬爲惜花支遁愛其神駿爲賞花唐太宗教馬應節爲舞花後人謂之五花馬

萬事皆易滿足惟讀書終身無盡人何不以不知足一念加之讀書陳眉公曰兒曹莫恨咸陽火焚後殘書讀盡

無誠有味之言也

張靖之方州雜錄云其父宗伯公所得宣宗賜物如錢大者二形似雲母石而質甚薄以金鑲輪廓而紐之合則爲一歧開則爲二老人目昏張此物於目上則大明來自滿加剌國名曰靉靆卽眼鏡是也昔用玻璃所製後粵賈倣其式以水晶石製之案嘉道時老人目昏及近視目短者不得已而用之予亦目短年八十有三不敢張此物恐鄉黨訾謷耳今弱年崽子無故病瞙疾嘗戴眼鏡趨趨逸遊於里閭全不畏人姍笑足徵世道之偷

薄也

黎簡堂中丞培敬巡撫貴州自題聯云任百務之紛乘於曲盡人情之中仍權至理惟一心之默運必克去已私而後方見大公又人苦不自知願諸君勤攻我短弊去其太甚與爾民率由舊章錄之以諷有位者

湘湖間有茶亭而售酒者柱聯云爲名忙爲利忙忙裏偷閒喫盞茶去勞心苦勞力苦苦中作樂斟杯酒來見之爽然又飯肆柱聯云富似石崇不帶半文休請客辯如季子說通六國不容賒見之粲然

彭雪琴宮保玉麟建水師昭忠祠於湖口之石鐘山門聯云忠臣魂烈士魄英雄氣名賢手筆菩薩心腸合古今天地之精靈同此一山結果蠡水煙湓浦月潯江濤馬當斜陽匡廬瀑布挹南北東西之勝景全憑兩眼收來是謂氣勝則言之短長與聲之高下皆宜

李次青方伯元度接統徽州防軍甫三日而軍潰徽州失守曾侯相恚甚奏請擬正軍法奉旨從寬戍邊其實侯相深愛其才非果欲殺之也方伯謝罪稟有云君子原愛人以德覆之而又培之宰相有造物之權知我何

殊生我侯相援筆批其後云好四六好文章好才情
汴中馮小人者身長二尺許如三四歲孩子嘗至蘇州以
星命餬口其術不精但雄談雅謔沁人心脾士大夫以
其形異莫不喜之後游京師僦居清梵寺旁王公婦女
嘗招至堂第觀其升降趨走以資笑樂星命所得金錢
兼營貨殖三四年遂大饒裕娶婦頎長頗姣好生三子
延某孝廉督課家中上下待其衣食者四十餘人彼徒
以形異得邀物色而世之長材偉器奇拔異能餓死蓬
蒿者尤多多益信小有才者必大得志也憶道光間予

見果勇侯楊公誠齋覔一大漢委帶親軍隊䝤髯張目所衣袍五尺四寸然性嬾粥粥無能日食斗米虛有其表其後逐出營沿門托鉢視佌佌之有屋蔌蔌之有穀得失何可同日道哉噫徒恃其長奚若善用其短

章仇姓出雍王章邯韓信破章邯其子孫處仇山因號章仇氏有一支改姓盧北史術藝傳云盧太翼本姓章仇氏隱林慮山茱萸澗中

元遺山李峪園林看雨詩山靈亦愁歸厚夜按厚夜後人罕用左傳襄十三年楚子告大夫曰惟是春秋窀穸之

事注窀厚也穸夜也言穴中厚暗如長夜也

東坡詩耐寒努力歸不遠兩腳凍硬公須輭按唐書楊國忠傳往返賜輭腳錢楊妃外傳亦云出有餞飲還有輭腳又大唐稽疑云郭子儀自同州歸代宗詔大臣就宅作輭腳局人率出錢三百千東坡詩本此

蔡絛西清詩話以太白詩山陰道士如相訪爲寫黃庭博白鵞云黃庭二字誤逸少所寫乃道德經能改齋漫錄主其説廣川書跋亦云世疑黃庭經非羲之書以傳考之知嘗書道德經不言寫黃庭也案太平御覽職官部

引何法盛晉中興書山陰有道士養羣鵞羲之意甚悅
道士云爲寫黃庭經當舉羣相贈乃爲寫訖籠鵞而去
乃知太白用典不誤後人少見多怪耳
陶詩弱冠逢世阻始室喪其偏後人疑妻何以偏稱之案
毛詩鴻雁傳偏喪曰寡左氏襄公二十七年崔杼生成
及強而寡杜注同蓋偏喪之名兼夫婦言之陶詩語本
此
蘇秦說韓甯爲鷄口無爲牛後今本戰國策史記皆同惟
爾雅翼釋鷄篇甯爲鷄尸無爲牛從尸主也一羣之主

所以將衆者從也隨羣而往制不在我矣比必有據且於縱橫事相合今本口字當是尸字之誤後字當是從字之誤

爾雅四尺謂之仞倍仞謂之尋倍尋謂之常常當一丈六尺也今人謂人之無位者曰尋常人謂事之不關緊要者曰尋常事殊無取義皆是平常誤爲尋常耳

詩經宴爾新婚以我御窮爲迎新婚而棄舊室者作今賀人初娶稱宴爾非惟詩意不合且又再娶事詞更不美

小說肓詞往往有撑捎拋毬者按高青邱宋進士絲鞭歌

天街直拂花枝過擇壻樓高彩毬墮是古有此事矣漢成帝聽劉峻女出家又聽洛陽婦阿潘等出家中國始有尼晉何充捨宅安尼中國始有尼寺顧璘光奪壻之謠遺職自北魏矣唐公主爲女道士者多致醜聲魚元機以貪淫殺婢南唐耿先生有寵元宗孕子宋梅花觀主與潘法成私通似此敗露尤多多然則名爲尼寺教坊何殊焉身雖尼姑官妓無異焉傳曰山澤納汙山藪藏垢故僧寺道院尼菴子弟勿游之

江右吳公禹門 應選 所蒞有政聲蜀制軍某委收呈詞有

馬姓母子具狀云縣修清官亭司閽者墊銀六百兩攤派邑人其夫以家僅餬口不應官遂收卡比追吳公笑謂人曰比追修清亭銀是亦佳話可與比樂輸走馬應不求聞達科共爲故事矣川省風氣凡官到任無論政事之何如清官牌匾清官傘衣德政碑德政坊槩派閭閻往往令名未聞而怨聲遠播其實皆司閽者先授意胥吏而胥吏又授意劣紳朘良民之膏脂獻若輩之慇懃從此煉成一氣打成一片橫行莫之問進賄莫之稽訟端更無由平刁風因其益熾也

王百穀著虎苑載虎事畧備然古云暴虎云鬪虎云柙虎云獵虎云射虎未有與虎爲戲謔者吉林恭某說一事殊堪捧腹吉林崇山峻嶺多虎迹甲人嗜賭深夜燈火熒然虎來前兩爪據壁人立探首入牖目注對局人某兵先已熟睡醒而行溲眼尚朦朧不知其虎也誤以爲火伴穴隙窺局追而與之狎以指及尻着力搔之虎負痛聳身一躍破牖入室衆驚潰虎咆哮衝突得門竄逸想是虎前生其未入輪迴時亦一賭鬼耳不然何遇賭即癡人將侮弄其後庭而已猶憒不悟也世人樂觀撩

零相爭目不轉睛或者尚宜以虎爲戒

太白摩詰皆受從賊之謗摩詰有少陵詩已爲昭雪惟太白從永王璘起兵璘之叛當亦借討賊爲名故太白誤從之耳以詩而論太白在水軍宴贈幕府諸侍御詩爲永王都督江陵辟爲僚佐時作其言曰英王受廟略秉鉞清南邊又云浮雲在一決誓欲清幽燕又云齊心戴朝恩不惜微軀捐所冀旄頭滅功成追魯連讀其詩遂可以見其志謂太白不知幾則可謂爲從亂冤哉枉矣

昔人譏太白誰憐漢飛將白首没三邊謂不可以飛將軍

截爲飛將案六朝人已有飛將出長安之句矣少陵詩故老思飛將放翁云生希李廣名飛將又魏志呂布善弓馬膂力過人號爲飛將則飛將字原有本非太白剏截也

國初吳天章門前萬里崑崙水千點桃花尺半魚二語爲漁洋所稱尺半魚三字乃用甯戚飯牛歌河中鯉魚長尺半也風調固佳下字亦俱有來歷商寶意舟行雜詩平添新漲琉璃闊二寸公蝦半尺魚改尺半爲半尺便覺杜撰不僅效顰貽誚耳

斗第四星爲文曲卯酉生人所屬第六星爲武曲巳未生人所屬小說多言文曲武曲亦有本也

離騷皇覽揆予於初度兮肇錫予以嘉名注初度猶言初節耳古者子生三月父名之請命名之初節非謂生也今自少至壯至老但遇生辰卽云初度是朞頤皆三月時矣豈不大謬

注孟子者曰公輸子名班魯之巧人也世盡以爲一人耳後閱太平廣紀載魯班燉煌人於涼州造浮圖作木鳶乘之以歸又六國時公輸班爲木鳶以窺宋城似若兩

人未敢決及讀古樂府艷歌行誰能刻鏤此公輸與魯班則明係兩人以爲一人者誤矣

宰予晝寢注者以寢爲寢寤故今人以晝眠爲晝寢誤矣夫晝眠何大罪而夫子責之至以朽木糞土比哉七經小傳曰禮古者君子不晝夜居於內晝居於內有疾可也宰予晝寢蓋晝夜居於內而亂男女之節者故夫子深貶之然則寢當爲前堂後寢之寢非眠寢之寢矣

家語孔子曰夫江始出於岷其源可以濫觴及其至乎江津則不可以涉是濫觴言其始出之微也唐明皇孝經

序書絕於秦得之者皆煨燼之末濫觴於漢傳之者皆糟粕之餘用濫觴甚善近世乃皆爲末流之弊何不考之甚也

前人因索米立傳而鄙陳壽案丁儀丁廙家產早經籍沒何得有千斛米乎且貪官受賄惟恐人知不索輕物而索至千斛米以震炫人之耳目此眞大笨伯也晉史載之後人信之是猶矮子觀場聽人說其媸妍歟

晉書載謝安淝水報捷對客夷然入戶因折屐齒前人謂其矯情而不知矯情卽所以安邦夫宗社成敗繫於此

戰戰捷而喜情之正也矯而不喜情之賊也勝不當喜豈敗乃可喜乎讀書各有卓見不可人云亦云

朱滔叛逆爲李抱眞王武俊大破於貝州士氣沮喪焚營遁歸范陽留守劉怦即當邀擊以殲夷之乃發兵具仗以迎滔是亦賊耳時人以此多怦是徇私情而昧大義而史家以時人所云爲美談尤屬紕繆

楊元清嘉應州人務耕殖因爭水毆人官笞而枷之索銀三百兩始釋然家產已傾蕩矣去爲盜石祥順桂平人爲戰捐浮派忿激而從賊在白沙聚衆四五千元清亦

聚衆二三千共投洪秀全道光戊申新甯令李博平羅勒價二千文一石次年差役訛詐雷再浩之妻黨以致李沅法乘時圍城廣西桂平韋正因諺懸登仕郎匾額疊受訛詐遂倡亂其後稱北王殺官吏纍纍案髮逆跳梁所集皆亡命之徒激變之輩村農野豎互相裹脅斬木揭竿競爲馳突至於毒痡天下幾無一片乾淨土蓋人心浸淫於賊黨者亦非一朝一夕矣

咸豐十一年七月十七日　文宗顯皇帝　龍馭上升今
上登極因肅順端華逆跡敗露　諭刑部分別斬絞

噫是何異共驩頑讒並育於 堯天而誅殛於 舜世

矣

咸豐十一年春川省祥藩司以軍糈支絀於津貼外每兩
糧加銀五兩名曰按畝捐輸而蒼溪達縣巴州營山東
鄉南江等處鄉愚憤懣公然聚眾圍城緣貪吏激之劣
差逼之游勇煽之獸窮則噬鳥窮則攫以致蠢蠢愚逞
耳 欽差駱公秉章接督篆具奏參革祥藩司

古大臣治國於時勢中所貴乎變通知今不知古俗儒之
陋也知古不知今迂儒之癖也同治間恭親王柄政知

大國之所恥不在於每事問諸人而在於每事不如人遂奏立同文館延西師以教華士越南受制於法　朝廷志在保藩深嘆軍報遲延李傳相以仿行電線爲請兼造汽船則濟川以破浪汽車則記里以追風電燭之光無幽不照電牋之奏有感斯通在　太后洞諳至理熟計大經誠已灼知時勢有不改舊章而不可者藉據俗儒泥於尊攘之古訓迂儒拘於祖宗之成法是不使栩栩然之蝶而爲蘧蘧然之周竟成長夢而不醒也稱大受者不可小知周勃持厚重以安邦豈得以少文爲

害德長材者何容短取寇準秉剛方以衛國豈得以無
術爲嫌（
處富貴之極前面祇見進步急宜防退其防之之法而積
善自能免災處貧賤之極後面已無退步急宜求進其
求之之法而遷善自能獲福
不走冀北之野不知騏驥之神也不入粤人之肆不知珍
寶之多也不觀歐冶之劍不知刀鋸之銛也不登后夔
之堂不知音樂之美也然走其野而無九方之法以相
之則赤驥白鵠與駑馬草駒齊價矣入其肆而無賈胡

之眼以辨之則簡圭明月與燕石魚目並珍矣觀其劒而無薛燭之識以察之則含光承影與茴山羊頭同利矣登其堂而無師曠之耳以別之則六英五莖與陽阿采菱無擇矣是以博識難博識而能知要實難辨物難辨物而能窮微尤難君子知其然也故學以砥礪之道以會歸之勤以積累之恆以貞固之誠如是不惟挽近時之頹風且可以建古人之茂績矣

書固藝事然必要氣質要天資要得法要臨摹要用功甫能造微入妙也唐太宗善翰墨嘗病戈法難精乃作戩

字空其右而命虞世南塡之以示魏徵曰朕學世南似盡其法徵曰天筆所臨萬象不能逃其形非臣下可擬然惟戩字戈法乃逼眞太宗驚歎其學精鑒明乃至於此作字尙爾何況脩身齊家治國平天下豈可以苟簡鹵莽輕佻而爲之有不敗壞決裂者乎

書貴峭勁峭勁者書之風神骨格也書貴圓活圓活者書之態度流麗也

古人以書稱者不特理法精能而摹搨雙鉤亦極研究至於石刻惟漢唐碑氣格峭勁今漢碑剝蝕殆盡唐碑歷

年久遣擊撻不已每多漫漶後人重復刻畫故態全非學書摹倣尤須善自擇取不然字無師承也至於凡看石刻得形體不如得其筆法得筆法不如得其氣象

史記魏文侯受子夏經藝客段干木過其閭未嘗不軾也則文侯乃卜氏弟子兩廡中似宜崇祀者田子方段干木皆子夏弟子見儒林傳

陳書黃法氍步行日三百里距躍三丈梁史王彥章能跣足履棘行百步所謂利趾也呂覽闔閭選利趾者三千人以爲前隊

不曰稅而曰錢始於漢世蓋稅外所取故曰錢漢昭帝紀毋斂今年馬口錢是也唐稅茶曰揭地錢蔬果曰薑芋錢稅屋曰間架錢五代稅田器曰農具錢宋有折帛錢馬綱錢僦舍錢官溪錢月樁錢金有葦錢水利錢牛夫錢

朱子名臣言行錄呂端使高麗遇風濤檣折舟人大恐公恬然讀書若在齋閣按此疑出於呂氏子孫記載泆非實錄海舟檣折如天旋地轉如何能安坐讀書近人有坐輪船航海者遇風濤微作舟中人已歐歈之聲至矣

雖欲起立而不能也況宋時航海尚無火輪之穩且速乎

夢溪筆談韓魏公慶歷中以資政殿學士帥淮南一日後圃有芍藥一幹分四岐岐各一花上下紅中間黃蕊當時揚州芍藥未有此品今謂之金線纏腰者是也公異之開一會欲招四客以賞之以應四花之瑞時召王岐公王荆公二人尚少一客以某官最長遂取以充數明日早衙某官申狀言暴泄不至命取過客歷求一朝官足之過客中無朝官惟有陳秀公時為大理寺丞遂命

同會至中筵簪四花四客各簪一枝甚爲盛集後三十年間四人皆至宰相

漢律最爲適中迨桓靈時黃門有北寺之獄黨人有刊章之捕科防漸慘坑穽稍多幸諸葛亮法正共造蜀科漢法賴以不墜

古今同姓名人兩扁鵲丙盜蹠兩賈舉兩曾參兩孔忠曾漢兩毛遂兩韓信兩嚴延年均漢兩叔孫敖楚漢兩朱買臣兩徐庶漢南北朝兩劉歆新莽兩安屈魏兩桓彝吳晉兩王肅魏後魏兩高湛北魏北齊兩薛收隋唐兩李愿兩李益兩韓翃均唐兩李

煜唐南唐朝兩陳諕晉國朝兩蔡京唐宋兩張旭唐明兩李之芳唐國朝兩王鐸唐國朝兩訛可兩韓玉絳均金兩張載晉宋兩王安國宋國朝兩脫脫元俺答明義子兩于成龍國朝兩張鵬翀國朝又楚漢均有虞美人東周衛齊有兩王孫賈

三李密三張萬福三婁室業三婁室皆金人六公孫宏八張敞八王吉九張良十一王褒十一劉宏

父子同名者兩劉德漢兩羅靖隋兩劉江明

杜牧詩西子下姑蘇一舸逐鴟夷後世遂傳西子隨范蠡而去案墨子曰吳越之裂其功也西子之沉其美也是

西子死於水不從范蠡之確證墨子去吳越之世甚近所書必眞然猶恐杜牧別有見後閱修文御覽引吳越春秋逸篇云吳亡後越浮西子於江令隨鴟夷以終乃知此事正與墨子合杜牧未之審也蓋吳既滅卽沉西子於江浮者沉也反言之耳隨鴟夷者子胥之譖死西子有力焉胥死盛以鴟夷今沉西子所以報子胥之忠故云隨鴟夷以終范蠡去越亦號鴟夷子杜牧遂以子胥鴟夷爲范蠡鴟夷張冠李戴故後人墮入於疑網

治家格言乃崑山朱柏廬先生用純所撰今人多誤以爲朱

文公作四時讀書樂乃南宋台州人翁森作見一瓢集森字秀卿號一瓢今人亦誤以爲朱文公作

耆介春相國英有米顛之癖家有成趣園奇石峭壁引水自屋角散注四時作瀑布聲此眞第一銷夏灣也復有一巨石得自西域某王府費用數千金相國手書命工鐫之云介於石不終日六字未三日即被逮刑部獄奉旨絞決好語不書而書此殆鬼神已褫其魄也

普蘭巖將軍陀保常自佩戎馬書生小印善吟咏送女聯珠有句云出嫁自應遵婦道居家不似在官時二句可補

入女訓為挾貴驕夫者戒

雲夢縣署背山多木瓜樹環以土牆秋間垂實纍纍香氣襲人嘗有偷兒踰垣而竊之被邏者搜獲一賊時庚台垣宰雲夢掌責釋放判曰偷我以木瓜報之以嘴靶非報也永以為戒也此判庾君居官有惠政觀此亦見風流儒雅云

子夏言生數曰人十月生馬十二月生犬三月生豕四月生猨五月生鹿六月生虎七月生蟲八月化餘各從其類見物理小識

雲南張有本大令爲宵小構陷罷官自撰武廟楹聯云仲謀非仁恃地利之權忍與炎劉爭鼎阿瞞不智挾天時之操竟爲典午開基其怨憤無聊於對句之中寓微意焉

孫資別傳將士虎睡百姓無事虎睡二字峭甚

咸豐辛酉四月六日滇匪圍嘉城是夜彗星見其形如箒春秋運斗樞主干戈是年九月英法合寇焚　淀園晏子曰君若不改茀星將出彗星何懼乎是茀之爲災更甚於彗前漢書谷永傳妖孽並見茀星耀光師古曰茀

與孛字同
王彥章以鐵槍名同時王敬堯亦善用鐵槍重三十斤而
世罕稱之至漢隱帝時又有王三鐵以善用鐵鞭鐵槊
鐵撾也其名繼勛薛史直書爲王三鐵
泰山自下至巔五千三百八十四步（五尺爲一步）高三百八十
六丈九尺一寸實十四里零八十五步應劭漢官儀云
自下至古封禪處凡四十里者謬也
二程子有兄應昌天錫弟韓奴鑾奴皆早夭見涌幢小品
朱子小名沈郎宋紹興十八年同年小錄第五甲第九

十名朱熹字元晦小名沈郎小字季延

佛教興而人死有七七之期俗謂天干至七則克地支至七則衝以其衝克爲之禳解蓋始於北魏外戚胡國珍薨詔自始薨至七七皆爲設千僧齋緣當時佞臣逢迎胡太后始有此舉而後世僧徒藉茲斂錢鄉愚無論貧富凡有死亡召集僧徒於室中金闐鼓驟喃喃誦佛號然所費不貲也

韓琦與尹師魯交師魯既死韓授文教以育其孤兒吳奎與王彭年善彭年客死吳備嫁資以歸其二女凡朋友

之子弟困苦交攻飢寒交迫時縱不能全效韓吳兩君子亦當量力佽助焉

無禮於君子君子雖不吾責反躬自問亦殊有愧若無禮於小人蓄怨必深遷怒必重昔丁謂笑拂鬚而懷憾竟陷黨誣以貶寇準之官康隨怒鞭背而成仇竟提刑獄以殘曲端之命徵諸史冊亦可自鑒矣

古者官舍曰府曰堂其以署稱者則見於國語曰夫署者位之表也厥後或名粉署或名蘭署而官舍莫不以署名矣攷儀衛志唐制天子居曰衙行曰駕至宋以後遂

爲各官舍之通稱

獃字惟范石湖詩用之

呂覽顏回對孔子曰嚮者煤炱入甑中棄之不祥回攫而飯之玉篇煤炱煙塵也此字人鮮有命名者　國朝內閣中書毛上炱字樞庭太倉人

中山經崍山多葯空奪郭注曰即蛇皮脫也

高青邱詩眞人高居紫霞房靈津夜灌通桃康黃庭內景經注桃康丹田下神名

北魏永安五銖錢背有土字周之五行大布背寫圖圓

錢背誌各州郡始於唐武宗劉守光錢應天元寶背有萬字太平通寶宋太宗時鑄也太平興寶遼時鑄也千秋萬歲乃遼感天后所鑄也治平聖寶乃徐壽煇所鑄也興宋制異張士誠曰天祐陳友諒曰大義金之大定有申酉等字明初之大中通寶有北平濟桂等字正德錢背有龍鳳以別西夏天啟錢或一面天啟或一面泰昌崇禎錢背或作馬形宏光錢背多鳳字興朝通寶孫可望錢也常平通寶鄭成功錢也耿精忠錢曰裕民吳三桂錢曰利用鑄多而行最久無如開元詳畫墁錄

唐書吏部尚書韋陟以族人伐祖宗墓柏坐不相教貶終
州刺史此例今無聞矣
梁書扶桑國人親喪七日不食祖父母喪五日不食兄弟
伯叔姊妹三日不食嗣王立三年不親國事孔子云少
連大連善居喪東夷之子也
西陂類稿恭紀 仁皇帝南巡蘇州巡撫宋犖迎 駕事
某日內臣 頒賜食品並傳 諭云宋犖老臣與衆巡
撫不同著照將軍總督頒 賜計活羊四隻糟雞八隻
糟鹿尾八箇糟鹿舌六箇鹿肉乾二十四束鱘鰉魚乾

四東野鷄乾一束又奉旨朕日用豆脯實可於口製造有秘方令御厨太監傳授與巡撫庖人爲後半世受用等語今人率以豆脯爲寒儉物詎知上關萬乘之注意且恐封疆元老不諳烹飪而鄭重如此惜其法不傳於外吾輩嘗用水煮以椒油擣而啖之殊負虞道園豆脯三德讃也

王彥伯自言醫道行時列四鑪煮藥於庭老幼塞門彥伯指曰熱者飲此寒者飲此風者飲此溼者飲此無不效驗如神及後運退不惟弗能治人而自病察脈按方亦

弗能愈也見國史補今世人功名之會大都亦類是耳

淮南子曰楚有烹猴者而給其鄉人鄉人以爲狗羹而甘之後聞其猴也據地而吐之盡出其所食世之甘猴羹者多矣

勇者不難死而勇於義者能處死子路罹衛難結纓而死夫子嘗言由不得其死然而子路之節如是慷慨赴死從容就義由實兩得之噫由之勇天資也其勇於義學力之所至也而宋儒猶貶其死爲過勇謬矣

蔬食菜羹瓜祭必齋如也瓜字上絕句蔬食菜羹瓜皆飲

食之薄者而用以祭必齋如也蓋黍稷非馨於明德而鬼神惟享于克誠也見餘冬錄

山梁雌雉時哉時哉子路拱之三臭而作解者不一按呂氏春秋云子路揜雉而復釋之謂此事注所得者小不欲夭物故釋之也亦可備一說

子在齊聞韶大師摯在齊故也或作在齊聞韶音則是以三月爲音字也宰予晝寢梁武帝謂讀晝寢寢殆亦字有誤歟

論語弟子入則孝全章孟子壯者以暇日修其孝弟忠信

毋乃與孔子異歟案孔子爲爲人幼者言先德行而後文藝也孟子爲爲人上者言先安養而後教訓也

憑花館瑣筆卷二

嘉州　鍾琦　泊農

歷代帝王御宇自堯舜以後逾五十年者史籍寥寥惟夏帝不降在位五十九年內禪又十年而崩桀凡五十三載殷中宗太戊七十五年高宗武丁五十九年周昭王平王各五十一年穆王五十五年赧王五十九年漢武帝五十四年　國朝　聖祖六十一年　高宗六十年　聖祚綿長爲太戊以後所未有偏隅割據享國屆五十年者夏李乾順五十三年諡崇宗李仁孝五十四年諡

仁宗外藩高麗長壽王璉立七十九年若日本所傳酋長有至百年者似覺莫須有也

周諸侯亯國最長者魯公伯禽五十三年魏公濆同齊莊公購各六十四年景公杵臼五十八年宣公積五十年楚惠王章五十七年宋景公頭曼六十四年衛武公和五十五年秦昭襄王稷五十六年

瓶盆蛇虎姓之稀見者漢有太子少傅瓶守中郎將盆謐見風俗通姚萇僞后蛇氏其兄蛇越爲南安太守漢世合浦太守有虎旗　國朝咸豐間有虎嵩林虎坤元父

子總兵又河南許州多俎姓土人讀曰綽字書雖言有此字而無此音案明史何孟春傳嘉靖時有戶部主事俎琚以爭大禮受廷杖但不知俎琚何許人明史無傳可考

邵遠平元史類編太祖九年六月金糺軍反（註糺音杳錢遼東軍也）少詹答袁太史書乃讀糺作管音不知引此又太祖十八年初置達魯花赤監治郡縣（註釋言掌印官也）少詹引王圻國所說亦遺此註案元史類編義例多舛錯然此二註最明晰

哈密古伊吾闢展古樓蘭土魯番古車師庫車古龜茲阿克蘇古温宿烏什古尉頭葉爾羌古莎車喀什噶爾古疏勒迪化古北庭伊犂古烏孫鎮西古月支塔爾巴哈台古郅支温宿古子祝和闐古毘沙拜城古姑墨以上新疆回疆於光緒十二年改設府廳州縣其地東西距七千餘里南北距三千餘里峻嶺迴環巨川縈繞北控羅刹南備卡倫洵極邊之保障爲中國之屏藩也但有備無患諸大臣勿以承平而忽之

魚鱗冊始於明洪武二十年帝命戶部核實天下土田而

兩浙富民畏避徭役大率以田產寄他戶謂之鐵脚詭寄相沿成風鄉里欺州縣州縣欺府奸弊百出謂之通天詭寄帝聞之命國子生武純等分行州縣隨糧定區區設糧長四人量度田畝方圓次以字號悉書主名及田之丈尺四至編類爲冊狀如魚鱗號曰魚鱗圖冊

奴婢初來爲走盤珠稍久曰算盤珠其後呼之不動曰佛頂珠元時已有此諺見輟耕錄

法言或問酷吏曰虎哉虎哉角而翼也入字簡而且儁

柯舒者黑漆棒也見宋史儀衛志

同治元年四月二十五日恭讀　恩詔毋任胥吏舞弊諸誡至嚴切矣然此沉痼之疾不能遽除即以吏部而論外省凡有缺出胥吏即以餌人或多引例案以遂其招搖或暗致信函以行其嚇詐保舉之或准或駁處分之或重或輕既已軒輊在心無難上下其手吏部如此其他可以類推蓋成案既多援引各異胥吏先入其中以操縱之司員始泛從其外而糾察之已屬不及之勢而況有縱之者乎此在京各衙門胥吏舞弊之大槩情形也至外省受胥吏之害有官恃爲爪牙引爲心腹甚

有不可勝言者
同治元年四月二十五日　恩詔婦女犯死罪雖謀故亦予援免案赦典固朝廷寬大之恩然亦有不可濫施者謀故乃罪大惡極而槩免之使抱屈幽魂含寃莫訴其戾氣不散亦足釀爲水旱癘疫之災夫鬭殺猶謂其無必欲殺人之心可以寬其一線若謀故而亦免則刑部定例似覺輕縱矣
國朝以神武定天下設上三旗下五旗以統之步兵教隊騎兵教陣而步與騎皆先以旗教白旗鼓聲動紅旗角

聲動散則法天聚則法地然後隊與隊熟而合之與總總與總熟而合之與哨哨與哨熟而合之於營且有室廬以給其居有莊田以永其業有丁夫以均其勞倘遇征伐固已睫動而萬目注䏶動而萬足馳意動而萬情會矣然直省綠營猶不無遺議焉自髮逆跳梁以來綠營未立一奇功出一良將是無他藝不練精膽不練壯故也人見其披甲戴胄實無異赤身裸體之夫人見其操戈揚楯實無異持鋤執耒之衆所以曾李左胡各大帥招淮軍募楚勇而綠營惟坐喫而已然有兵不練與

增而餉益匱矣有餉不核餉多而兵愈冗矣

咸豐四年八月川鹽行楚定章每斤先在宜昌於賣客徵釐錢二文五毫至沙市於買客徵釐錢四文五毫一賣一買之中每斤共徵錢七文合銀三釐五毫咸豐十一年四月宜昌加一文沙市加二文爾時錢價賤令商交銀及銀價昂又令商折交錢而委員之乾沒胥吏之侵蝕同列之分肥行戶之沾潤不與焉更可嘆者各大憲其始也因利立法而弊即伏於法之中其繼也變法救弊而弊又生於法之外矣查從竹根灘解纜先完稅羨

及商竈釐銀每引三十兩有奇過瀘過渝過忠過夔過
平善壩又需用六十兩有奇通盤核算連宜昌沙市每
引共需用一百七十兩有奇以全年核算除蜀所徵不
計外而鄂省得鹽釐一百二十萬有奇又查報解藩庫
不過八十萬而已餘則紙爲銅落筆由利藪也至於川
鹽稅羨正雜三十一萬有奇今加釐至二百八十萬有
奇所謂失之於淮得之於蜀矣

賈生新書人有六親六親者始曰父父有二子二子爲昆
弟昆弟又有子子從父而昆弟故爲從父昆弟從父昆

弟又有子子從祖而昆弟故爲從祖昆弟從祖昆弟又有子子從曾祖而昆弟故爲曾祖昆弟曾祖昆弟又有子子爲族兄弟備於六者之間故曰六親是同高祖之兄弟爲族族非疏遠之稱矣近世有家敎而富志高而揚或因一事之乖片言之忤於族兄弟遂不相往來不通慶弔豈知其世雖遠其氣則聯讀禮當思貫衰之訓誦詩當念葛藟之篇勿效晉之公族傷於詛秦之公族傷於過檻

前三十年人心亦有利相傾害相軋者後三十年人心非

獨以施於友朋也漸及同宗矣雖然此猶其踈者耳彼夫嫡堂兄弟至親也同胞兄弟尤至親也旣不若異姓之情淡復不若同宗之支分宜其恩義兼盡和睦倍篤也而竟有同胞兄弟爲分家産爭田宅相傾相軋者足徵人心愈趨愈下矣不思身者親之身也兄弟骨肉亦親身也而疏之是疏吾親也且身者已之身也兄弟手足亦已身也而棄之是棄吾身也疏吾親豈可爲子棄吾身豈可爲人哉

漢制倣殷周鄉舉里選賢於後世科目多矣然而不免有

沽名釣譽之弊也會稽太守第五倫將舉孝廉許武以其弟晏普未顯欲令成名乃三分家產自取肥饒弟得劣少鄉人翕然稱二弟克讓並得選舉武乃會宗親泣曰昔誤分財今悉讓弟鄉人又翕然稱武嗟乎武誠愛其弟但當使之味道守眞戴仁抱義其聲望自然如蜀龍吳虎南鷂北鷹舉之者源源而來矣何必欺誑鄉人陽奪家產而陰使之讓耶又何必會宗親顯斥貨利以彰已之善耶無往而不沽名無往而不釣譽至於二弟者其未舉也則污其兄以自潔其旣舉也則取諸兄以

自肥惡在其爲孝廉也哉

兄弟怡怡其家必興婦子嘻嘻其家漸敗怡怡和也素情也嘻嘻蕩也縱情也

蓄蠱殃物非蠱之罪操兵刃人非兵之罪有使之者矣見邪色而覩非目之罪聞淫聲而聽非耳之罪有主之者矣子弟之驕奢非子弟之罪妻妾之勃谿非妻妾之罪有縱之者矣若平日爲父者主以恩而訓以義子弟何敢驕奢耶平日爲夫者主以情而範以法妻妾何敢勃谿耶

六朝亦有藺相如南史宋營浦侯等傳劉季連出建陽門爲蜀人藺相如所殺是也

古之司樂者曰伶伶供使令也曰優優言善戲也曰伎伎工樂藝也史遷曰倡優畜之班固曰俳優畜之則樂工之賤久矣今人吹笛彈絃敲鼓擊板教人使拍工尺卽陳叔寶後庭狎客與優伶同實而異名自以狎客字不雅改稱清客但無論狎客清客皆非正人正業而紈褲子弟朝夕聚集按曲怡情未有不家敗名裂惜分陰者所弗取也

少年科第最爲人生愜意之境白香山登第詩云慈恩塔下題名處十七人中最少年時年二十七不甚早也寇萊公十九舉進士不如苗台符年十六張讀年十七同及第商子華亮以十四舉孝廉賈蝙氏申黃以十五舉進士乃科第之至早者　國朝侯官林廷禧於道光辛卯登賢書癸巳捷南宮年方十六房師批有云九歲游庠駒齒有神童之目五年食餼鰲峯兼都講之名爲二百年來科名盛事

俗稱小衣曰汗搨元世已然歐陽圭齋漁家傲詩云血色

金羅輕汗搨是也

國朝　睿皇帝歲時伏臘必謁陵明季諸帝多廢此禮夏言詩云百年不睹朝陵駕父老懽呼識漢儀可以爲諮

某出守荆州謁道憲卒然問曰聞貴守有三聲謂圍棋聲鬭牌聲唱曲聲知府徐徐應曰卑府聞公亦有三聲道詰之曰算盤聲天平聲板子聲道知府竟以此解任今爲某府之三聲未有不遭貶秩爲某道之三聲未有不得意者也噫

吾嘉多賢太守自道咸同光以來如宋公梅生鳴琦史公

叔平致康文公治庵裒朱公篠霞夔鏞慶公寶軒善朱公少桐其煊崔公劭方志道羅公雲生以禮皆清貞慈厚適閭閻阜康過橫逆者有耆老排解往往含忍不校然浸以成俗而惡少遂肆行無忌矣椎埋姦盜無所不爲偶經邑宰榜楚醵飲相賀以詈上枚花多且黜者爲豪少而小者爲劣其後玉公潤齋崑唐公芃雲翼祖恩公藝棠壽知府事端慤有恆持重能斷訪拿匪徒嚴加痛撻有武生陳某竊賊覇婦陰蠱商旅纍纍唐公審實當殺之其魁斂跡城鄉得息昇平越十年該輩賄賂不

革鷹眼終存又復樹援植黨焚淫擄掠雷公禹門鍾德方正嚴毅發奸摘伏如神明杖斃因斃諸痞子且有城旦鬼薪者人心大快國法斯伸益根莠不除嘉禾不生與其姑息以長奸宄何如嚴懲以安善良不然此際之白頭卽他日之赤眉黃巾也

劉拱少時夢謁神祠見金牌上有曲巷勒回風五字不知所以迨登第除諸王教授一夕上幸宮邸問諸王何業拱答以屬對時月照窗隙上曰可令對斜窗拗明月諸王方思索間拱遽以曲巷勒回風對上曰此神語也

韓雍巡撫江西日方鞫死囚忽自誦句云水上凍氷氷積雪雪上加霜一囚曰囚冐死對公曰能對貸汝死囚曰空中騰霧霧成雲雲開見日公撫掌稱善果減死

李東陽早負奇氣六歲時與程敏政皆以神童稱景帝召見過宮門不能度帝曰書生脚短東陽對曰天子門高時御羞有蠏帝曰螃蠏一身鱗甲東陽曰蜘蛛滿腹經綸敏政曰鳳凰遍體文章帝笑曰他日一箇宰相一箇翰林後果如其言又景帝抱東陽至膝上其父侍丹陛下帝曰子坐父立禮乎對曰嫂溺叔援權也

東陽居政府時庶吉士進謁有言閣下李先生者公聞之旣見因曰庭前花始放請諸君對之衆疑其太易轉思未工各沉吟間公曰何不對閣下李先生相視而笑

虞集未遇時爲許魯齋門客虞有所私午夜輒出館許每往不遇因書于簡云夜夜出游知虞公之不可諫虞回卽對云時時來擾何許子之不憚煩以姓對姓可稱巧絕

李長吉歌天若有情天亦老人以爲奇絕無對石曼卿對云月如無恨月常圓人以爲勍敵

寇萊公在中書與同列戲云水底日爲天上日未有對者會楊大年來白事因請其對大年應聲曰眼中人是面前人一座稱爲的對

戴大賓八歲游泮學使指廳上椅屬對云虎皮褥蓋學士椅卽對云兔毫筆寫狀元坊學使大奇之十三中鄉試

王文恪公十六歲時附學于舅氏一小女使送茶王戲以手握其手舅氏聞之出對曰奴手爲拏此後莫拏奴手王卽對云人言爲信從今莫信人言

舊學士院壁間有題云李陽生指李樹爲姓生而知之八

無對者楊大年爲學士乃對曰馬援死以馬革裹屍死而後已

明成祖召解縉以色難二字命對縉曰容易久之成祖曰汝奚不對縉曰臣已對矣成祖悟而笑乾隆間簡玉亭吏部昌璘飲柯給事墐宅爲子約婚託柯爲媒而柯嫌其禮物率畧笑曰居簡而行簡簡以手指曰執柯以伐柯一坐齳然阮文達直南書房時高廟問曰伊尹二字何對文達曰阮元上大悅此皆信口成對也

嘉道間有許乃吳其對語以錢塘許氏固始吳氏科第極

踵而乃字其字輩尤極其盛也今則許吳二姓科第少見不如曲阜之孔任邱之邊福州之林矣

揚州鹺商之豪前代已然高青邱送趙司令云販鹽金多買名倡如何得似揚州商又揚州小秦淮舊多名妓其來一日矣青邱估客詞云上客荆州商小婦揚州倡金多隨處樂不是不思鄉然物極必返自髮逆倡亂而揚州烽煙滿地鼙鼓喧天則珠簾碧瓦竟成慘淡蒼涼令人爲之浩歎已

墨子公輸子削竹木以爲鵲成而飛之三日不下劉勰新

論遂行爲公輸刻鳳一段
引舟百丈今人呼爲縴古人秪作牽字讀去聲金黨懷英詩牽間時掠水元方回歌阿郎拽牽阿奴撐是也然亦有作縴字者孟東野高張繫縴帆遶過梅根渚范石湖灘子挽縴拖素虬韓翃綠綠帆縴桂爲檣是也牽字亦如字讀陳后山野曠低歸鳥江平進晚牽吳梅村沉香爲筰錦爲牽白玉池塘翡翠船獨漉東湖曲金環玉腕親持縴錦袖紅靴自打牽牽亦謂之簽元微之船到名灘拽簽遲

花開蝶滿枝花謝蝶來稀惟有舊巢燕主人貧亦歸案此乃于濆對花詩也唐才子傳作于濆且以爲地名又以其詩屬唐備誤之至矣

明史稿宦官傳馮保用事張鯨爲帝畫策欲害保張宏傾知之謂鯨曰馮公前輩且有骨力不宜去之鯨不聽疑明世宦官亦以前輩相呼矣

髮逆跳梁以來淮軍楚勇有由龍陽君而保至提鎮者予在營司餉聞其惡習甚斥之案北史慕容冲年幼有龍陽之姿苻堅幸之封侯王猛切諫乃出冲南史蕭韶壐

時爲庾信所愛有斷袖之懽遇客韶爲信傳酒後爲郢州刺史惟北齊許散愁自少以來不登孌童之牀不入季女之室其人可敬矣

聖門十哲子夏最有功於經學後漢書徐防傳詩書禮樂定自孔子發明章句始於子夏

漢儀雖有五等服而至朝多著皁衣蕭望之傳張敞曰敞備皁衣二十餘年可以爲證

前人論王允殺蔡邕戮善激變謬矣案董卓罪踰羿促惡貫梟獍固人人得而誅之者邕因卓死以私恩驚歎可

謂其性與人殊兼有附逆大罪雖殺亦不爲過至催汜反叛有天意存焉非允所能逆覩也前人以不赦催汜而責允其後魏孝莊懲催汜之亂赦世隆其禍愈速又可責允之不赦催汜乎盜賊赦而成黃巾之禍宦官赦而成董卓之禍晉以屢赦而成夷狄之禍唐以屢赦而成藩鎮之禍況催汜乃漢君臣不共戴天之仇而可赦乎迂儒每以事後論成敗而妄詆前賢此古今忠良所同聲而痛哭者也

五代史馮道歷事四姓十君前人以爲有一無二案北史

魏崔暹凡事五姓九君蘇威凡事六姓十二君舊五代史鄭韜光凡事四姓十一君彼時此輩亦多不獨道爲然或謂道厚德偉量屹若巨山不可移或謂道委蛇亂世能保全善類噫爲此說者皆道之流也夫國家無常主而於人臣中乃有長樂老哉

岳武穆恢復河南河北而金人聞風喪膽若總伎順之師乘制勝之氣則宋事直與澶淵之役後先濟美也惜秦檜以和愚高宗而十二道金牌使前功盡棄前人謂武穆宜繳轉金牌此事如王敦桓溫始能行武穆忠孝人如何敢抗君命　引將在外

君命有所不受以証之此說在東周或能行至南宋如何能行且金牌繳轉秦檜大權在握飭張韓劉吳輩以詔書收之武穆能不受命乎抑敢交鋒乎評史者聾言瞽語徒爲後人下酒耳

趙簡子以陽貨爲相幾至於覇見韓非子

王𤼷李氷共疏二江今人罕知王𤼷與兒易牙皆齊之知味者今人罕稱臾兒案臾兒見淮南子

史記老子傳老子之子名宗爲魏將封於段干注段干魏邑疑段干木老子之後也

古人立位同同一字石經春秋公卽位作公卽立是也能耐同一字漢書晁錯傳胡貉之人性能寒揚奧之人性能暑是也案樂記禮運耐字皆當能字

牧羊某素不識數凡數物自一以至百千但以一箇一箇云云排次數之能不失一主人使牧羊數十羣某朝以一箇一箇數而出暮以一箇一箇數而入有失羣者則大譁曰某一箇某一箇少矣羊毛色亦能辨之極尋以歸主人終年不失一羊又有善算人手不持籌一人執數簿讀之雖讀且速讀已而彼數已成不爽微杪兩人

可謂神乎技矣

蜀人信神神易興亦易衰往往有今日頑石明日即爲靈神者石工斤斲肖像耳目口鼻髮鬚形似不必全體具足早有香楮酒醴拜祝於前而正神殊多寥寞亦可怪矣其拜祝以草鞋纍纍如瓔珞下垂於樹杪間更多殺鷄禱告以血灌神頂以毛沾神面竟如小孩所頑之假猴見此非徒血食乃愚鬼憑物而受罪不然何以淋漓齷齪以至於此

嘉慶戊寅閩有海濱小盜船竊發兵船大而不能徧搜巡

文達撫閩謂此等如蝗有蝻尤宜撲滅遂雇民船配弁兵僞充客商專走淺河僻港誘緝匪徒從此盜絕有因無警而議撤者公曰養貓所以捕鼠若無鼠而不養則鼠又出矣比喻最確

楚語士亹曰堯有丹朱舜有商均啟有五觀文有二叔皆元德也而有不肖子韓文公子昶闇劣誤金根車爲金銀史直翁浩爲相非無一善可稱子彌遠爲權臣而掩其父之美呂文靖夷簡爲相非無一疵可議子公著爲名臣而揚其父之美楊涉而有子凝式張浚而有子栻

如呂楊張三公眞孝子也王導之孫謐而授璽於桓元謝安之孫澹而持冊於劉裕顏見遠孫之推而喪節韓魏公孫侂胄而隳朱豈詒謀之不善乎如陶侃之孫淵明顏見遠之孫之儀之儀元孫常山平原二公者眞慈孫也諺云有錢難買子孫賢是人力不爲功而天理尤不可測矣

顏之儀而有弟之推歷事梁齊周隋朱溫而有兄全昱斥其滅唐王安石而有弟安國請其遠佞史可法而有弟可程爲二臣蘭蕕殊臭氷炭同器又何疑乎舜之於象

武周之於管蔡展禽之於盜跖哉

任昉物原云凡諸官稱師自伏羲龍師始稱史亦自伏羲置史官始稱監自軒轅置左右大監始稱正自顓頊置南北正始稱司自軒轅置司徒始稱大夫自堯設司徒屬大夫始稱典自舜命夔典樂始稱太稱少自商設太傅少傅始

于成龍字北溟永寧州人以副榜歷官總督所至有惠政卒謚清端 御賜輓聯云歷任甘棠隨地蔭兩江清節至今傳可稱異數也

漢書元帝紀衆僚久慮未得其人師古曰慮古曠字
古今三元秪十二人唐張又新崔元翰宋孫何王曾宋庠
楊寘王巖叟馮京金孟宗獻元王宗哲明商輅　國朝
錢棨陳繼昌順治初有武三元王玉璧獨陳蓮史繼昌
人雖呼爲陳三元然其銜牌曰四元及第則　朝者亦
第一人也有小印云生平不作第二人想又一印云古
今第十二人夫以歐陽文忠與王文恪之才僅得其兩
元而大魁竟失榮名豈易盡占哉
劉潛夫宰建陽撰聯於堂云每嗟民力至叔季而張弓欲

竭吏能恐聖門之鳴鼓會滁生侯相胥畿疆時撰聯勉屬吏云無日不以龔黃召杜相規願諸君力行古道斯民正當水火刀兵之後賴良吏默挽天心

聖人之定詩也將閑其情以返諸性俾不至蕩而無所歸今之言詩者知情之不可蕩而無所歸亦知性之不可以說詩遂以靈字附益之而後知覺運動聲色貨利凡足供其猖狂恣肆者皆歸之於靈而情亡而性亦亡是故聖道貴實自釋氏遁入虛無遂爲吾道之賊詩人主情彼蕩而言性靈者亦詩之賊而已矣

孔子教人學詩興觀羣怨事父事君多識草木鳥獸之名則古之學詩與今異今之學詩者求通其義以試於有司而已況其義未通而業亦未精也詩之義六曰賦曰比曰興曰風曰雅曰頌其體殊故其義別賦者即事而直言之也比者類取於物而微言之也興者感於物而引言之也風多婦女里巷之言雅頌則士大夫朝廟之詩婦女之言近而婉士大夫之言遠而正行役與軍旅同列異情美德與作訓同文異致燕會與禋祀同義異節明乎此者雖云舉業與詩道亦不相背不明乎此則

判兩途矣夫如是則興觀羣怨於何取而子臣之道皆無所感發以成其教而草木鳥獸爲詩麗贅矣豈所以言詩哉

游山水詩秦蜀學少陵江浙學康樂邊塞學嘉州

近人有謂詩不關學力者乃巧言以欺世耳案嚴滄浪言詩有別裁非關書也詩有別趣非關理也然非多讀書多窮理則不能窮其至其語本自無病後人截其前四句語爲藏拙處以太白之天才擬文選至三度悉摧燒之少陵尚謂讀書破萬卷下筆如有神況不如李杜者

平

六一詩話載宇昭詩馬放降來地雕盤戰後雲今觀汲古閣影宋本九僧詩乃是雕鬪戰後雲唐宋高僧詩選皆作雕鬪其非盤字可知朱梓廬云詩甚須玉太尉偃武修文之意鬪字最有神若作盤字便索然矣瀛奎律髓亦作鬪紀文達公校云鬪當作盤是乃以不狂爲狂

藥倦談屑太白詩乍可草中耿介死昌黎詩乍可阻君意元微之詩乍可爲天上牽牛織女星皆以乍可爲甯可蓋引朝野僉載崔夫人言乍可死此事不相當爲証瀧

匏廬謂此解乍可字最確案吳梅村宮扇詩乍可襟披宋玉風不堪袖掩班姬月陳迦陵和阮亭冶春絕句江南櫻桃幾時熟乍可便堆紅玉盤皆以乍可作纔可用未免誤解

黃勤慤公鉞歸田後嘗賞人葠其謝恩疏語云老馬尚嘗芻秣朽質難勝暮年已迫桑榆夕陽尤好又云譬寒蟲之蟄處飲膏雨而頓覺昭蘇縱枯樹之婆娑遇春風而亦含生意又公年九十詩興猶豪其弟泰和年八十公壽之云朱顏常潤非關酒健步如飛懶仗藤

皇極經世三皇春也五帝夏也三王秋也五霸冬也七國冬之餘洌也漢王而不足晉霸而有餘三國霸之雄者也十六國霸之叢者也南五代霸之借乘者也北五代霸之傳舍者也隋晉之子也唐漢之弟也隋季諸郡之霸江漢之餘波也唐季諸鎮之霸日月之餘光也後五代之霸日未出之星也

陶雲汀宮保澍以十月生衆祝六旬壽時已督兩江矣某觀察一聯大爲宮保所賞其句云八州都督五柳先生經濟文章歷代心傳家學遠六秩初周一陽來復富貴

壽考百年身受　國恩長

漢宣帝欲以張安世爲大將軍安世曰老臣自量不足以居大位繼大將軍後上笑曰君言太謙俗謂之辭遜者曰太謙本此

同治六年夏大旱鍾學士佩賢抗疏請納直言以資修省云伏覩近者夏同善諫幸　惇王府第　諭旨稱循舊章以折之倭仁諫修同文館　諭旨令酌保數人另立一館以難之此二事在　聖心原有權衡而羣臣遂不無疑惑謂　朝廷開言路之時而遂似杜言者之口謂

大臣盡匡弼之義而轉使有自危之心臆揣私度未能相喻誠恐敢言之氣由此沮唯阿之習由此開此臣之所大慮也奏上　優詔容納

宋士大夫家訓之嚴風俗之厚非漢晉隋唐所能及然不可爲法也案竇儀內行湻備大庭雍肅每對客坐其弟二侍郎三起居四參政五補闕皆侍立焉陳省華三子長宰相堯叟次直史館堯佐次節度使堯咨有客至其家三子侍立左右坐客蹴踖不安夫父坐子立宜矣兄坐而弟立不亦過乎客皆父兄僚友似矣若子弟之平

交不亦過乎禮非强世而貴於和者也而曰踧踖不安則是坐者强而坐立者强而立不和甚矣其如禮何哉予見有咱親之飯以飯爲常雖食半世而心無荷焉又見有咱人之饌以饌爲異雖食一飱而心長感焉是猶人生治代則以聚樂爲常也豐歲受唐虞之化孰有荷乎人生亂代則以聚樂爲異也一旦被湯武之澤孰無感乎嗟夫徒知感異恩於一旦豈知荷常德於豐歲耶以此設想則人子浹髓淪肌當如徐孝克畢世自甘啖麥朱百年終身不忍披棉矣

人子嫌名不諱臨文不諱韓昌黎所言誠篤論矣若徐仲車以父名石故終身不忍踐其石劉溫叟以父名樂故終身不忍聞其樂其情近於孝可哀也其事近於迂可笑也然非孔孟中庸之道矣

叔向欲娶夏姬之女其母曰不可甚美必有甚惡夫尤物足以移人遂止晉平公強使娶之生子伯石竟滅族以叔向而言則母之命猶君之命皆不可違也以叔向之母而言則君之命重於已之命又不可擅也此叔向所以終娶之也雖然叔向聞其甚美其心先有所蔽矣故

奉母之命其情逆咈所欲也奉君之命其情順投所好也使叔向果不欲娶謹以母氏之訓爲君誦之則平公亦不强之矣起於私念之微卒致滅族之禍嗚呼可不慎哉

古者於婦雖有七出之條猶有三不去之義近世非悖逆淫奔者不得縱情任性而輕棄之後漢書周澤爲太常清齋遇疾妻憫其老病而問所苦其過亦渺乎小矣但當諭而遣之不當怒而執之也澤以爲干齋禁責於獄而夫婦之義絕矣爲其妻者復何面目與之質訊獄詰

修潔之小譽廢伉儷之大倫似此乖僻怪異不近人情之至崑山方時舉許史疑澤私婢媵積怒其妻而假公以逞私亦春秋誅心之法也後學勿喜其說之高跡之奇而誤效之

董仲舒稱公儀子爲魯相見其婦織帛怒而出之見其園種葵慍而拔之曰吾已食祿又奪園夫紅女之利乎世以公儀子爲賢是知其一不知其二知其末不知其本耳案王后親織元紞則紬繅梭杼者婦人之事也以是爲怒而出無過之妻殊屬寡情園有隙地種葵以射利

固不可種葵以自給庸何傷哉以是爲慍而棄有用之物殊屬任性後世宦家以妻則驕以僕則惰不事其事而坐食其食者未必非公儀子有以啟之也

華歆見貴官而生羨意管寧割席以分居孔湯遇艷女而起淫思劉璉解裳以隔坐蓋聖人取友益者求而損者必防賢士擇交可者與而否者必拒

子弟萬勿交敗類其蠆毒豈惟害君子甚至小人亦害小人如崔慶相傾華樂相軋李訓鄭注之同會布章惇之異是其前鑒矣

俗謂婦女弓足有云始於六朝者有云始於五季者皆非
案史記臨緇女子彈絃纏蹝又云躡利屣利者言其小
而尖銳也襄陽耆舊傳盜發楚王冢得宮人玉屐漢班
倢伃賦思君弓履又建和時保林吳姁足長六寸躍跗
豐妍底平指歛則皆東周西漢裹足之明證也瑯環記
馬嵬老媪得太真雀頭履一雙長僅三寸則唐時已尚
纖小案此風惟中華有之別國乍見駭異光緒二十四
年有英商立德夫人見中華婦女裹足深憐痛惜在上
海設局剴勸閨秀速解雙行纏欲使白蓮萬朵同放瓊

祂用杜殘忍之機心而完自然之本體但相沿已久豈
區區夫人所能挽救言之非艱行之惟艱耳
北齊書高歡與劉貴獵於沃野一老母自言善暗相遍捫
諸人皆貴而指揮俱由高歡是摸骨相始於北齊也
唐時醫生稱待詔張祜病宮人詩云藥餌無徵待詔愁吳
會錄張士誠走卒皆授官爵剃頭爲待詔磨丁稚油賣
茶者俱稱博士巫稱太保此與遍地司空彌天太保者
何異焉
呂氏春秋桀多力能推牛倒地號移大犧後人有混號始

此

類藁古人圖書皆以銅鑄至元末會稽王冕以花乳石刻之後人遂用昌花石燈明石果然温潤較銅鑄適乎高矣

詩經梧桐生矣於彼朝陽又度其夕陽豳居允荒朝音潮爾雅曰山東曰朝陽山西曰夕陽蓋山東迎日故曰朝山西送日故曰夕非旦夕之謂也自晉張華有鳳鳴朝陽之說後遂指爲曉日唐人詩紛紛用夕陽後遂指爲日暮訛謬久矣

詩經高山仰止景行行止景訓明行訓道言人有明道當效而行之如山之高當仰之今人書簡有用景仰景慕者非矣惟魏文帝書云高山景行深所仰慕方得此意

受人儀物謙謂拜領然領字不獨我受望人受亦言領趙松雪與人柬云絲紬以表微意伏冀笑領蓋即納字之類可以通用也

蘇州因吳王殺子胥投江中後人憐而立祠於山遂名胥山吳王又築臺於山巔人亦稱爲胥臺也吳滅人又稱孤胥山言獨胥山在耳及稱臺亦曰孤胥臺奈何吳人

稱胥爲蘇訛孤爲姑後隋平陳因姑蘇山名遂更郡爲蘇州至今山臺俱名爲蘇也譬如東漢嚴光本姓莊因避顯宗諱遂稱嚴氏范曄作史不究其由遽曰嚴光其臺其灘遂俱以嚴稱循習可笑

韓文公詩颶風最可畏颶音具韻會注海中大風也蘇文忠公有颶風賦颶風者具四方之風永嘉人謂之風痴今人書作颶因讀爲貝誤也

尚書者言此上代以來之書故尚音上書經及尚書省名皆作去聲讀不作平聲讀也

左傳郤子曰克於先大夫無能爲役杜預注不中謂之役使史記秦始皇紀吾前收天下書不中用者盡去之矣案不中用中字讀去聲不讀平聲

君子疾没世而名不稱焉王陽明先生稱字作去聲讀世人每讀作平聲不知孔子教人之意正以有名而不稱其實爲可疾耳不然四十無聞其終也已亦何嘗有甚可疾處

句讀音句豆　星宿宿音秀　番禺上音潘　袒免音但問　汨羅縣名音傳羅江名音密羅　冒頓音沒突　可汗音克寒　閼氏音烟支　龜茲音丘慈　月支音肉氏

身毒音天竺 曹大家家音姑 親家上音慶 樊於期於音烏 嫪毐音澇靄 酈食其酈音異其音飢 甯馨兒甯去聲 僕射夜下音 姑射射無射射亦音諧 滹沲音烏馱 疆埸下音益 盟津上音孟 國土下音度 繪繳下音勺 邪谷上音耶 綸巾上音關二音俱同 犧樽上音梭 率更上音律 黃熊下音柰 衆生上音中 落魄下音託 毋丘上音貫 糊塗音鶻突 宿留音宿溜 曲逆音去遇 骨朶下音節 隆準下音拙 万俟卨音木其屑 濡物曰溼俗作濕誤濕仝溼 拕水曰昏昏天上聲 潑水曰戽下音虎 水推物曰氽氽吞上聲 麩炭上音孚在尤韻 蚩尤上音鴟作蚩非 俗稱祖母曰嬭 嬭音乃在解韻俗作奶無此字 譜牒上音補 煙飲俗作癮誤癮疹病也 骨董客骨俗

作非古雇工俗作僱無此字鬅頭俗作剃非躶體俗作祼祼祭也非體肥曰胖
俗作胖非張目曰瞋音嗔俗作睜誤睜音井口脣俗作唇誤唇音眞驚也含物曰
㘅俗作啣無此字口旁曰吻俗作脗脗合也誤以舌取物曰㐁㐁讀天上聲俗
作舐誤舐乃俗舓字音士模糊模俗作模無此字合手曰匊音菊俗作𥹛誤𥹛碎米也趲
路上音輦急行也俗作攆無此字刢利俗作伶俐非伶樂官俐無此字悔吝上音海此悔字讀上
聲改悔此悔字讀去聲獃子上音皚讀五來切癡不解事者寒顫作戰非病證俗作
症無此字歐吐俗作毆誤毆擊也痙病曰痹俗作痺誤痺音卑鳥名痧病上音沙俗
作痧無此字市肆曰鋪去聲俗作舖無此字晌午上音賞法榪俗作碼誤碼碯石似
玉以貨物互抵曰𠐊俗作兌誤兌乃卦名以貨財託寄曰滙俗作匯會

均非毫氂俗作厘誤厘同釐斤兩俗作觔兩誤觔全筋有餘曰賸音孕俗作剩非舍
館俗作舘無此字築牆曰砌俗作砌誤砌階也頂桻作篷非篷乃覆舟者東西室
曰籍房籍從竹不從厂猺鼠作騷誤騷憂也帽襭作結非頸衣曰衿作領非
胯衣曰袴袴俗作褲無此字手帊俗作帕誤帕音抹紬段俗作綢緞非綢乃綢繆也
縀音遐屐跟也計布帛之數曰匹俗作疋非疋古正字又音雅毛毧俗作絨非氊
鹽之地曰廠俗作厰誤字書無廠字豕巴俗作羓無此字豬脰俗作胰誤胰瘠肉也
鯗魚上音想俗作鮝非肉臘曰塗怕平聲在麻韻豆脯俗作腐非辛辢俗作辣非
柹樹音士俗作柿非蓴羹音純俗作蓴誤蓴苞藨也壺盧俗作葫蘆非葫小蒜也蘆葦也味
腐曰殠作臭非臭乃氣之總名醉甚曰酩酊音茗頂牆垛下音朶作垛非垜射

㨗也正斤兩曰秤本作稱去聲見三國志疙瘩俗作瘩無此字借用瘩結痂曰

厴音嫁俗作靨誤靨頰輔也唐突俗作傏倹非肨膪俗作絳胆誤胆音怛肥貌鬚髮鬚本

作須俗作湏非須與湏不同湏爛也小補作鬢謂俗加彡亦非也

鍾太傅有膝疾跪拜艱難華歆亦因年高朝見皆使載輿

車虎賁舁上殿就坐是後三公遂以爲常見三國志今

賜朝轎者即朝馬意蓋本此然止及景運門不能舁

上殿也

陳子鶴太宰孚恩書法冠天下以拔貢歷官所在清貞蒙

賞清正良臣匾額咸豐十年七月朝命諸臣會議

幸熱河事太守有竊負而逃遵海濱而處之語十一年
在熱河又力阻回鑾　今上登極載垣等敗許仁山
侍郎彭壽以黨援參奏褫革旋戍新疆可爲奏對不慎
者戒太守在新疆回匪跳梁同其妾皆殉節
張叶笙明經炳才名藉甚記其郭子儀七夕遇織女賦押
自字韻句云此郎是金書鐵劵願將軍異日無忘俄爲
而碧漢紅牆問帝女歸雲矣自可稱冰雪聰明
國朝嚴抑內侍眞法良意美同治庚午秋太監安得海私
自出京沿途招搖爲山東德州知州趙新禀揭經中丞

丁公寶楨拿獲奏明奉 旨安得海正法跟隨之太監
陳玉祥李平安李得喜郝長瑞李順李得壽均絞決假
充前隊之黃石魁及兵役韓寶清戴登雲高振邦何林
劉鳳魯著正法蘇拉劉凱劉交瑞金安信黃廣喜及安
得海家屬安馬氏均發黑龍江給披甲人為奴並將前
後 上諭載入宮中現行則例以太監王天福為安
得海經管家務未終決以伸國法而快人心
同治九年四月御史宋邦僡具奏有云近有一種長隨名
爲帶肚家人當本官未經得缺之先常代借銀錢言明

得缺後即派充門丁書貫人員嗜其小利一經任用則朦蔽招搖無所不至本官受其挾制平民被其詐索實堪痛恨等語案所陳該輩固屬可惡但近日官場枯窘欲求帶肚而不易覓何也往往有帶肚而遇瘠地豈惟秦城不得甚至趙璧不歸矣

方言凡葬無墳者謂之墓有墳者謂之塋檀弓古者墓而不墳是也邯鄲淳曹娥碑丘墓起墳蓋言丘其平墓而爲高墳也後世以墳墓混爲一遂疑其重複改爲立墓起墳非也

文君當壚壚字不從土蓋賣酒區也見顏師古注

凡云着述著作俱當用著不當用着着乃俗字矣見世說

易經健訟二字不相連因村學究點句混上以至頑民好訟者曰健訟殊爲大謬

升菴詞品梁樂府夜夜曲或名昔昔鹽昔卽夜也列子昔昔夢爲君鹽亦曲之別名凡歌詩稱曰鹽者謂如吟行曲引之類耳按古樂府有昔昔鹽神雀鹽黃帝鹽諸名並讀作艷

詩人狀難寫之景全在用字之工石曼卿折花移鳥聲妙

在移字嚴坦叔風池行落葉妙在行字所謂好句正須好字耳

德清俞劍華孝廉潯溪舟中句云孤舟搖暝色雜樹瀉秋聲工夫全在瀉字宋人評韓持國一池秋水沸龜魚沸字值錢子於俞詩此字亦云

今人以出物質錢爲當西湖志餘載蜀僧賦湖中漁翁云幾回欲脫蓑衣當又恐明朝是雨天是宋時語已如此後漢書劉虞傳以賞賚典當胡夷注丁浪反是典當由來已久矣

少陵老去詩篇渾漫與後人皆誤作興竹垞以爲起于楊鐵厓今觀月泉吟社第三十一名陳希邵詩第一首云春來非是愛吟詩詩是田園漫興時第二首云樂興第三首云飲興第四首以下懶興引興寄興乘興遣興盡興感興與皆是興非與是杜詩誤字宋末已然鐵厓特踵其誤耳

柳子厚別弟一詩結句云欲知此後相思夢長在荆門郢樹煙妙處全在煙字宋人俞紫芝竹坡詩話乃謂當作邊字又爲之改曰欲知此後相思處望斷荆門郢樹邊

所謂癡人前不得說夢

李長吉下階自折櫻桃花温飛卿碧蕪狼籍棠梨花黄山谷穠欠一枝蒿萓花李仲修開門自埽枇杷花句法固佳花名亦各有宜稱若云下階自折蒿萓花碧蕪狼籍櫻桃花遂不成句而成笨伯也

康熙時明季內監曾有在御前服役者言正統在沙漠曾生一子今有裔孫在旗下天啟呼魏忠賢爲老伴凡事委之宮中用度奢侈脂粉銀四十萬兩供應銀三百萬有奇宮女至九千人內監及防兵至八萬六千人飲食

恆不能遍竟有餓斃者所用馬口柴紅螺炭日以二十萬斤馬口柴者約長三四尺兩頭刻兩口淨白無點黑今惟天壇焚燎始用之又所行多迂濶建極殿後堦石高厚數丈採運至京不能舁入太監奏稱此石不肯入午門命將石責六十棍崇禎嘗學騎馬兩人執轡兩人捧鐙兩人扶鞦甫乘輒墮乃命責馬四十發往苦驛當差如此舉動令人發噱

松江趙某販布起家道光間以豫工例捐納通判引見時上問其出身所自對以向來販布　上曰然則何以

捐官對曰捐官較販布生涯更好也　上怒命革職某憤懣退至吏部堂上大譟索金曰既奪我官應還我捐貲堂官發所司掌責五十笞一百逐去案捐例愈濫流品愈多是猶汙凝垢聚之衣豈能禁虱乎魚腥肉糟之肆豈能免蠅乎其間屠沽市儈如趙某者尤不少然趙某為利起見而對　皇上直言無隱見其無欺處至堂上大譟索金見其有膽處人皆笑趙某求榮反辱予竊以為不然荀子曰有義辱者有勢辱者犯分亂理辱由中出謂之義辱詈侮捽搏辱自外至謂之勢辱義辱爲

辱勢辱不爲辱也

光緒二十五年十二月十八日　上諭世道人心莫患於是非順逆之不明是以古聖賢有僞辯之誅有橫議之戒爲其惑世誣民也朕自親政以來宵旰焦勞每冀得人以資振作而翁同龢力薦康有爲槃槃大才能安邦治國孰意陰搆逆謀幾陷朕躬於不孝小人往往不善處人骨肉之閒並有保中國不保大清之言又有改君主爲民主之計小人肆無忌憚殊屬外有膽目中無法者身經朕覺察亟請　聖慈訓政遵守祖法乃得轉危成安而康有爲及其死黨梁啟超遁

逃海外猶復刊布飛語煽惑衆聽離間宮廷迨查抄該逆往來信函有譚嗣同堪備伯理璽之選歐洲稱國君爲伯理璽種種逆謀殊堪髮指查中外臣民固多惡其狂悖亦有受其欺愚者似此不識是非不明順逆所當深戒明示也嗣後臣民等毋得輕信揣測倘再羣相附和邦有常刑至康有爲梁啟超仍在沿海往來有能嚴密緝獲者破格獎賞總之邪說雖煽而忠臣孝子必不忍聞憲典雖寬而亂臣賊子決不能貸將此通諭知之案此輩稍知筆墨妄附雅流入其黨則裸壤炫爲龍章逃其門則

琳瑜等諸燕石徒高標榜並無經濟幸我　皇上覺察
其奸邪未蒙大用假令畀以權而授以柄則蔡京章惇
復見於今矣

光緒二十五年十月初三日　上諭前令剛毅馳往廣東
會同該督撫妥籌的欵以濟軍糈茲據奏稱先就現在
情形清出常年的欵一百六十萬有奇均係出自外銷
及裁節冗費並未絲毫加取農商即著存儲候撥尤當
通飭所屬實力奉行不得以此藉口設法取償以致滋
累欽此案國家慎重度支首在裁節冗費嚴杜中飽立

可化無用爲有用十八省槩照剛大臣辦理槩遵 上
諭體恤遂有益於國無損於民何必徵求需廣權算侵
剝使富者變爲貧貧者變爲盜同歸於財殫力痡耶